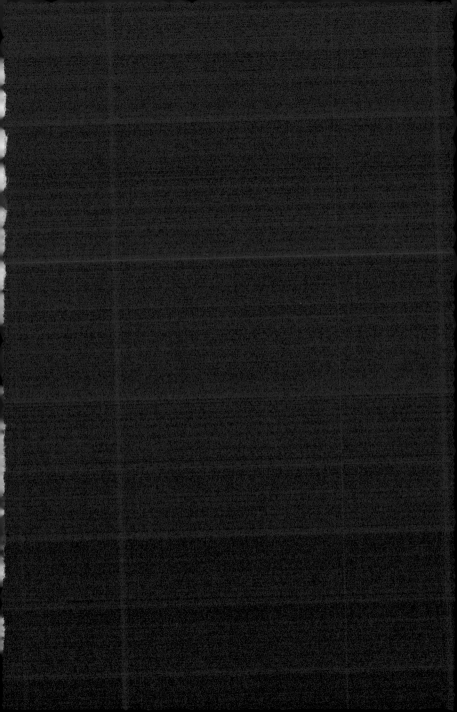

核戦争、どうする日本？

「ポスト国連の時代」が始まった

橋爪大三郎
Daisaburo Hashizume

筑摩書房

Nuke,War, and Peace
by
Daisaburo Hashizume
Chikumashobo Ltd., Tokyo, Japan
2023:01

目次

第9章　日本の核武装

はじめに

地球があった。

人びとは、時代という列車に乗って、旅をしていた。

列車は急にカーブを曲がって、車窓の景色が一変した。新しい時代が始まった。人びとは「ポスト・ウクライナ戦争の時代」だと噂した。

本書はこれを、「ポスト国連の時代」とよぶ。なぜなのか。その意味は、この本を読み終わる頃には、よくわかるだろう。

*

これまでは、「ポスト冷戦の時代」だった。経済のグローバル化の時代でもあった。冷戦が終わった一九九〇年ごろから三〇年ほど続いた。

ロシアは一〇年間混乱し、そのあとプーチンが登場して二〇年間権力を握った。

中国は、驚異的な経済成長をとげ、アメリカに並ぶ経済大国となった。

インドは、経済の離陸を果たし、イギリスを追い抜いた。日本も追い抜くだろう。

日本は、なすところなく、「失われた三〇年」の足踏みを続けた。

＊

この三〇年間、国際関係はまあ安定していた。
アメリカの軍事力は突出していた。戦争はありそうになかった。ときどきならず者国家が暴れ出すぐらいだ。

国際秩序をかき乱す主役は、テロリストのグループだった。アルカイダ、タリバン、ＩＳ（イスラム国）、…。アメリカ軍に正規軍で対抗しても勝ち目はない。そこで、武装した怖いもの知らずのグループが、ゲリラ的に戦いを挑む。こういうのを、非対称戦争という。二〇〇一年九月一一日の、アメリカ同時多発テロ（ワールド・トレードセンターに飛行機が突入した）が、その象徴だ。

テロリストは、核兵器をもっていない。そこで追い詰められ、順番に始末される。

＊

この時代が終わった。
プーチンのロシアが、ウクライナに侵攻した。「特別軍事作戦」だ。ロシアは、核兵器をもっている。国連の安全保障理事会の常任理事国でもある。警察官が、自分で強盗になるような話だ。ウクライナは、核兵器をもっていない。でも善戦している。ＮＡＴＯ諸国は、武器を供与して応援している。

プーチンは、このまま負けるわけには行かない。「核兵器を使うかも、これは脅しではない」と、脅している。この本が出るころには、もう使っているかもしれない。そうでないことを願うばかりだ。

今回の戦争は、これまでと次元が違っている。ロシアはれっきとした主権国家で、核保有国で、正規軍を動かしている。プーチンが権力を握っている、権威主義的国家だ。権威主義的国家が核を手に、国際秩序に挑戦する。よもやそんなことはあるまいと、世界は油断していた。でも、それが現実になった。世界は新しい時代に入ったのだ。

＊

権威主義的国家とは、どういうものか。

まず、**核兵器をもっている。** 核兵器をもっていなければ、暴れ出した途端に、叩きのめされてしまう。

つぎに、憲法はあっても、ないも同然。憲法は、権力が暴走しないための安全装置だ。それが外れていて、**権力は指導者の手に握られている。**

そして、自国を中心に国際社会が回るべきだと、思い込んでいる。妄想である。**妄想にとらわれて軍事行動を起こす**から、始末に終えない。

ロシアは、権威主義的国家である。秘密警察が権力の基盤である。

中国は、権威主義的国家である。中国共産党は、中華人民共和国憲法に規定のない、超憲法的な組織である。その党が、国家と人民を指導する。中国共産党はなにものにも縛られない、独裁的な権力である。

北朝鮮は、権威主義的国家である。朝鮮労働党が、独裁的な権力を握っている。核兵器も開発した。

加えて、イラン。イランの憲法には、宗教評議会の規定があって、憲法に縛られない権力をふるうと書いてある。核兵器の開発も進んでいる。そのうちほんものの権威主義的国家になりそうだ。

そのほか、核兵器をもっていなくて、経済力も大したことはないけれど、専制的な政治をしている権威主義的国家の予備軍は、いくらもいる。核兵器を手に入れたら、権威主義的国家だらけになるだろう。

＊

プーチン大統領は、地獄のフタを開けた。

NATOはウクライナを応援している。なんとかこの戦争に勝つことができるかもしれない。核兵器も結局、使われずにすむかもしれない。

けれども、世界は変わってしまった。もう、元には戻らない。

東アジアでは、中国が、台湾侵攻のチャンスを狙っている。北朝鮮も脅威である。戦争の足音が近づいている。

アメリカ上院の外交委員会は、二〇二二年九月一四日に超党派で、「台湾政策法案」を可決した。上院、下院の議決をへて、大統領が署名し、法律になりそうだ。従来の台湾関係法（一九七九年制定）を、一歩も二歩も進めている。とりわけ台湾を、「ＮＡＴＯ非加盟の重要な同盟相手」（a "Major Non-NATO Ally"）だとして、ＮＡＴＯ加盟国と同様にアメリカが防衛義務を負う、としている。

二〇二二年には、イギリスの空母やドイツ空軍の編隊も、台湾周辺にやってきた。台湾有事ならＮＡＴＯ加盟国も黙っていないぞ、という意思表示だ。

＊

アメリカは国力が下り坂で、だんだんこれまでのような役割を果たせなくなる。でも核兵器はもっている。

そこで、核兵器をもっていない西側の民主主義的な国々は、アメリカの核を頼りに、自分たちで力をあわせて国を守ろうと、ネットワークをつくるのが合理的だ。ＮＡＴＯは、こういう同盟の仕組みである。

本書はこの、西側の民主主義的な国々の同盟が、北大西洋を離れて、東アジアを含む世界全体に拡大するのがよい、と考える。そして、拡大するだろう、と予想する。この同盟を、「**西側同盟**」という。

なぜこれからの時代が、「ポスト国連の時代」なのか。

西側同盟は、権威主義的国家を入れない。ロシアも中国も、入らない。中ロ両国は、国連安保理の常任理事国に居すわっている。そこで、国連とはまた別に、西側同盟をつくって、国連安保理に代わって加盟国を守る。だから、「ポスト国連の時代」なのだ。

早く東アジアにも、西側同盟の仕組みを立ち上げなければならない。日本だけ、まるで準備ができていない。早く準備をしましょう。それがこの本、『核戦争、どうする日本？――「ポスト国連の時代」が始まった』の主張である。

＊

なぜ日本だけ、準備ができていないのか。

それは憲法９条へのこだわりと、核への拒否反応（ひと昔前は、核アレルギーといった）のために、身動きがとれないからである。

９条へのこだわりも核への拒否反応も、第二次世界大戦をくぐり抜けた経験から、身につけたものだ。日本の安全保障の枠組みを支えてきた。でもいま、かえって有害になっている。なぜそう言えるのかは、本文できちんと説明する。

権威主義的国家が、核兵器を振りかざして暴れ回るのが、ポスト国連の時代だ。最初はまず、通常戦力で攻めてくる。押し返すことができなければ、相手の言い分を聞かなければならない。西側同盟の力量を高めることが、ポスト国連の時代に、各国の平和と安全を守れるかどうかのカギである。

なぜ、９条へのこだわりと核への拒否反応が問題なのか。

日本が西側同盟のメンバーとして、世界の平和と各国の安全保障を支えるのに、邪魔になるからだ。

＊

人びとが平和を愛好すれば、戦争は防げるのか。

そんな保証はない。**人びとが平和を愛好することは、平和が実現するための十分条件ではない。**ロシアだって、大部分の人びとは平和愛好者だ。でも、政府がいったん権威主義的になってしまうと、戦争を止める方法がない。

これに対抗する唯一の方法は、人びとが**民主主義の原則を徹底して貫く**こと。そして、権威主義的政府でなく、**民主主義の政府を樹立する**こと。そうした**民主主義の国家が同盟を結び、権威主義的国家に対抗する**こと。これ以外にない。

＊

憲法9条を信頼し核兵器に反対してきた人びとの善意と良識に、私は敬意をもっている。それでも私は言いたい。**憲法9条を守り、ひたすら核兵器の廃絶を訴えるその考えを、この際考え直しませんか。**

これまでこういうことを言い出すのは「改憲」で「核武装」で、どちらかと言えば右翼や保守の人びとの主張と決まっていた。でももう時代が変わった。民主主義を守るため、安全保障をいちから考え直すのは必要なことなのだ。

ただ、考え直すと言っても、そう簡単ではない。

だからこの本は、慎重に少しずつ、議論を進めていく。

第1章は、核兵器の話。核のマイナスイメージの理由を考える。

第2章は、戦争。戦時国際法についても触れる。

第3章は、軍事同盟の話。日米安保条約やNATOを考える。

第4章は、憲法9条について考える。

第5章は、非核三原則。とくに、「持ち込まず」を掘り下げる。

第6章は、核拡散防止条約（NPT）。

第7章は、北朝鮮の核。核開発の意味を理解する。

第8章は、台湾有事。いったん有事となれば、日中の戦争は不可避だ。

第9章は、核武装。日本の核武装は、メリットがないことを理解する。

第10章は、ポスト国連の世界。西側同盟の意義を考える。

議論の輪がつながって、鎖のようになっている。議論を順にたどると、日本にとって、西側同盟に参加するのが最善の選択だ、という結論にたどりつく。議論の輪が本当につながっているのかどうか、確かめるのは読者のあなただ。

＊

こういうわけで、9条と核の問題も大事だが、ほんとうに大事なのは、民主主義である。

日本国はまともな民主主義国なのか。なれるのか。

民主主義なら学校で習った。でも不十分だ。

民主主義の原則その1。**人民主権**。学校では国民主権と習った。日本国をつくっている人民（ふつうのおじさんやおばさんや…）が、主権者。つまり、国の権力の源泉である。だから、安全保障についても、態度がはっきりしていることが望ましい。

安全保障は、政府の責任だ、と思っているひとがいる。政府の責任なのは確かだ。でもそれは、人民が政府に頼んだから。人民が主人で、政府は使用人なのを忘れてはいけない。主人の考えがはっきりしていないと、使用人はおろおろする。

＊

民主主義の原則その2。**シビリアン・コントロール**。文民統制ともいう。

シビリアンは、選挙で選ばれた政治的リーダーのこと。そのリーダー（政治家）が軍を指揮する。ちなみに権威主義的国家では、シビリアンはおらず、独裁者コントロール、になっている。

日本では、シビリアン・コントロールの原則が、実ははたらいたことがない。

帝国憲法はどうか。陸海軍の統帥権（軍事指揮権）は天皇にあり、内閣や議会は関与できなかった。軍の参謀部が作戦命令をつくって、天皇の裁可を受け、軍を動かした。軍は自分で動けるということだ。この手続きを経ないで、現地の軍が勝手に行動する場合もあった。

当時は、権威主義的国家だった、ということだ。

日本国憲法はどうか。9条に、軍を置かないと書いてある。だからそもそも、軍事指揮権の規定がない。いざという場合、首相が自衛隊の指揮権をもつのだろうが、あいまいだ。

防衛庁（防衛省）では、本庁（本省）内局のポストを大蔵省（財務省）や警察（総務省）の官僚が占め、制服組を排除することを、シビリアン・コントロールと称していた。こんなことはシビリアン・コントロールの原則となんの関係もない。

シビリアン・コントロールは、軍の存在を認めたうえで、それをどうコントロールするかという話である。9条はそもそも軍の存在を認めない。シビリアン・コントロールから目を背けている。

＊

民主主義の原則その3。**条約の信義**。これは、学校では教えていない。

国際社会の基礎は、条約である。条約は、国民と国民との信約である。政府が交替しようと、条約は有効で、破棄されない。条約は政府でなく、国民を拘束するからだ。

江戸幕府が結んだ条約を、明治政府は守った。不都合でも我慢した。それが万国公法（国際法）の原則だからだ。戦後独立した日本国は、サンフランシスコ講和条約に拘束される。大日本帝国が受諾したポツダム宣言にも拘束される。こうした条約上の義務を理解し引き受けるのが、第一歩だ。

さて、日米安保条約はどういう条約か。アメリカが核の傘を提供して、日本を守る。核兵器で反撃するぞ、ということだ。そうやって守られているのに、核兵器を拒絶するのは矛盾していないか。

知り合いのアメリカの高校生が、大学の学費が高いので、卒業のあと陸軍に入隊することにした。数年を軍隊で過ごすと大学に進めるという。ところがすぐイラクで戦争が始まり、中東に送られた。運よく戻ったが、トラウマに苦しんでいる。アメリカ軍はいま志願制なので、出身階層に偏りがある。アメリカが日本を守るとは、こんなアメリカの若者が血を流すことだ。日本は何もしないで、ただ守られているだけでいいのか。

民主主義の国々を、権威主義的国家の軍事力から守ろうとすれば、条約を結び、団結する必要がある。国際社会で民主主義を守る活動である。集団的自衛権は、その基礎になる考え方だ。

9条へのこだわりと核への拒絶反応は、日本がこういう条約を、国際社会に提案する活動の妨げになっていないか。

＊

時代という列車は急にカーブを曲がって、新しい時代が始まった。「ポスト国連の時代」だ。車窓から見える景色は一変した。しかし人びとは、なかなか頭がついて行かない。

新しい時代には、新しい時代の課題がある。それを受け止めるには、これまでの時代の思考を組み立てていた頭のなかのピースを、ひとつひとつ検証することである。必要なら微調整を加え、場合によっては新しいピースと取り替える。ゆっくり、じっくり、慎重な作業が必要だ。

以下、第1章から第10章まで、各章ワンテーマで進んでいく。平和と安全保障を考えるのに、これまで定番だった考え方を、各駅停車で、順番に確認していく作業のためだ。読者のみなさんが、こうした作業を通じて、これからの民主主義の担い手になっていただけるのなら、とても嬉しい。

第1章

核兵器について

1・1 核兵器は、防御兵器である

核兵器について、まず確認しておくべきこと。

核兵器は、防御兵器である。これは、議論の出発点。大事なポイントだ。

日本人には、「核アレルギー」★が広がっている。「核」と聞くと、冷静にものを考えられなくなる。それでは困る。

この本は、冷静に考えを深め、よりよい世界をつくり出そうとする本だ。だから、核兵器は「防御兵器である」という本質を、みつめるところから出発する。

＊

本書は、ところどころ、ゴチックになっている。ハイキング途中に立ち止まる、休憩所や見晴し台のようなものだと思ってもらいたい。

ゴチックの箇所は、私の意見ではない。どう考えてもそうでしかないという、客観的な命題を選んである。その先を考えていく、足場になるとよいと思う。

＊

核兵器と戦争と平和。このテーマなら、誰だって意見が山ほどあるだろう。不毛な論争になりがちだ。

だからこそ「核」について、いちから考えよう。議論が嚙み合うためには、前提の共有が大切だ。意見の違いはそのあとでいい。

◎核兵器は現実である

さて核兵器は、この世界に、現にもうある。

もうあるものは、なくなったほうがいいと願っただけでは、なくならない。

哲学者のヘーゲルは言った。この世界に存在するものは、みな現実的である。「現実的」とは、理由があって存在している、ということだ。

＊

核兵器が存在するのは、誰かが造ったということである。

核兵器を造ったのは、使うためだ。使うかもしれないから、造った。

核兵器を造ったのは、造れるようになったからでもある。

このように核兵器は、世界で一定の役割を果たしている。だから、核兵器が存在する。核兵器は、「現実的」なのである。

＊

世界は現実的である。ならば、事実をありありとまず見つめる。これが出発点だ。

★——「核アレルギー」の語は、核への拒絶反応を表す言葉として、戦後長く、広く用いられた。この歴史的経緯にかんがみ、本書ではこの語も用いる。身体の免疫反応を比喩に用いるのが不適切だと批判があれば甘受する。(橋爪記)

核が好きか、嫌いか。核兵器に賛成か、反対か。そういう態度や意見は「カッコ」に入れよう。ガンにかかったら、ガンは嫌いだなどと言っている場合でない。ガンがどういうものか、その正体を見極めるのが先決だ。さもないと、ガンにうち克《か》つことができない。核も同じではないだろうか。

◎核兵器のある世界

核兵器は存在する。われわれの生きる、この世界の一部である。

核兵器が「この世界の一部」とは、どういうことか。

＊

「日米安全保障条約」という条約がある。略称は「日米安保」。現に効力をもっている。簡単に言えば、日米の軍事同盟だ。

日本の平和と安全を、アメリカが守っている。

アメリカに、なぜそんな力があるか。アメリカの通常戦力が強いから。そして、核兵器があるからだ。アメリカは強力な核戦力で、日本を守ると約束する。「核の傘」だ。

日本人が安心して、ビジネスができるのも、生活できるのも、アメリカの核兵器のおかげである。つまり、核兵器は、われわれの生活の一部である。

＊

ものを考えるには、現実から出発しなければならない。

現実から出発するとは、現実を、議論の「前提とする」こと。現実を「肯定する」ことではない。（このふたつをごっちゃにするひとがいるので困る。）

現実から目を背け、現実を否定しても、誰のためにも、自分のためにもならない。

◎核兵器はなぜ特別か

核兵器は、通常兵器とは別もの、ということになっている。

核兵器は、通常兵器と比較にならない威力がある。破壊力がすさまじいのだ。

核爆弾の爆発の威力を、TNT火薬の量に換算する。二〇キロトン、二〇メガトンなどという。通常の爆弾は大きくても重さ一トン程度。その中身の火薬の量が二〇〇kg（〇・二トン）とすれば、二〇キロトンはその一〇万倍、二〇メガトンはその一億倍の爆発力である。桁違いと言うほかはない。

＊

爆発のメカニズムも異なる。

通常の爆弾は、火薬が燃焼して爆発する。火薬は、空気中の酸素と関係なしに、火薬自体が爆発的に燃焼する。中国で発明され、イタリアに伝わって、銃や大砲といった兵器として実用化された。火薬革命である。その後、近代的な軍隊の標準装備となった。

こうした装備による兵力を、通常戦力（conventional forces）という。

いっぽう核爆弾は、核反応によって爆発的に核エネルギーを放出する。火薬のような化学反応とは、まるで原理が違う。原爆は、ウラニウムやプルトニウムが核分裂することによるエネルギー。水爆は、重水素や三重水素が核融合することによるエネルギーだ。水爆は、起爆装置に原爆を用いるので、実際には、原爆＋水爆である。

＊

核爆弾は、強烈な放射線を発し、放射性物質（放射能）をまき散らす。人体にもちろん有害である。後遺症もある。通常の爆弾にはないこうした性質のため、人びとは核爆弾をおぞましいものと思うのだ。

◎核爆弾の原理

核兵器には、原爆と水爆がある。原理をおさらいしておこう。

原爆は、濃縮ウランを爆縮（火薬の爆発により内部に高圧をうみだすこと）によって超臨界にし、連鎖的な核分裂反応を起こさせる。核分裂によって核力が放出され、通常の爆弾とは比較にならない破壊力がある。

濃縮ウランはどうつくるか。ウランはウラン鉱石に含まれている。そのウランのごく一部が、分裂性のウラン２３５である。それを濃縮し、原爆の材料にする。

原爆には、プルトニウムを使うこともできる。プルトニウムは、原子炉のなかでウラン238が中性子を浴びるとできる、人工元素である。これも原爆の材料にできる。

原爆は構造上、大型にするには限界がある。最大でも広島型原爆の一〇倍程度。いっぽう小型化は、ミサイルの弾頭にするのに不可欠の技術だ。いまも開発が進んでいる。

＊

つぎに水爆。水爆は、二重水素や三重水素を、原爆を起爆装置にして超臨界にし、連鎖的に核融合反応を起こさせる。核融合によって核力が放出されると、原爆をさらに上回る破壊力になる。

二重水素は、水のなかに一定の割合で含まれている。三重水素も自然界にわずかに存在するが、人為的に生成できる。液体のままでなく、リチウムの化合物（固体）にすると扱いやすい。

水爆は、理屈のうえではいくらでも大型化できる。メガトン級の水爆は、大都市を地図から消してしまえるほどの爆発力をもつ。

◎アインシュタインの手紙

アインシュタインは、ウランの核分裂の研究が進んでいるなか、核分裂の連鎖反応を利用した新型の爆弾が製造されるのではないか、と恐れた。中性子がウランを分裂させることが明らかになったのは、一九三九年の三月ごろ。アメリカとフランスの研究室である。その事実が公表されると、ドイツはただちに、チェコのウラン鉱石を押さえにかかった。ナチス・ドイツが原爆製造を考えている。ヒトラーがそれを先に手にしたら大変だ。心配になったアインシュタインは、アメリカのルーズベルト大統領に手紙を書くことにした。一九三九年の八月のことだ。

この手紙も追い風のひとつとなって、アメリカ政府は数年のち、原爆開発を開始した。マンハッタン計画だ。通常戦力とは比較にならない、桁違いの新型爆弾。これまでの戦争にピリオドを打つ「大量破壊兵器」である。

＊

アインシュタインはのちに、この手紙を出したことを後悔したという。核兵器が実戦で用いられ、その目を覆うばかりの悲惨が明らかになった。

だが、平和を愛する物理学者なのに、この手紙を出さなければならなかった彼の苦渋も重い。原爆の完成を待たずに、連合国軍は通常戦力でナチス・ドイツを圧倒し、崩壊させた。ドイツは、原爆開発のはるかに手前だった。あんな手紙を出すべきでなかった、は後になって言えることである。

ヒトラーは、原爆が完成できるものなら、必ず完成させただろう。そして、実戦で使っただろう。そうしたら、連合国軍がどんなに優勢に戦争を進めていても、帳消しになるだろう。

ドイツに降服せざるをえなかったかもしれない。どんな条件も、のまなければならなかったかもしれない。そういう悪夢を防ぐために、アメリカが先に原爆を完成させる。その判断は正しかったのではないか。

◎原爆は一瞬、攻撃兵器だった

第二次世界大戦が終わった。ベルリンが陥落した。ドイツ国防軍が降服した。ドイツは米英ソなど連合国によって、保障占領された。保障占領とは、敗戦国を念のため占領することである。

原爆が投下され、日本も降服した。

アメリカは突出した軍事大国になった。

ソ連も、通常戦力は強力だった。だが、原爆がなかった。これは、ソ連が自国の軍事力では自国の安全を守ることができない、という意味になる。

＊

原爆は、相手国を屈伏させる、最終兵器たりえた。

相手が強力な通常戦力をもっていても、核兵器があれば、圧倒できる。当方は反撃される恐れがない。だからいつでも原爆を投下できる。

このように、相手が核兵器をもっていない場合、核兵器は「攻撃兵器」に使える。

いつでも核兵器を使えることは、軍事、政治、外交の強力なカードになる。核戦力は、政治的発言力に転化するのである。

＊

核兵器を使う目的は、相手国を屈伏させることである。核兵器を使わなくても、核のカードをちらつかせるだけで、相手国を屈伏させられるのなら、あえて核を使う必要はない。

アメリカが原爆を開発し、実戦で使用した。アメリカだけが核保有国である。アメリカの突出した軍事力が、世界の平和を保障する、アメリカの平和（パクス・アメリカーナ）が一瞬、実現したようにみえた。

◎ソ連も原爆を開発する

この状況をソ連からみれば、悪夢である。

＊

ソ連は、共産主義の世界革命を掲げて、スタートした。

けれども、第一次世界大戦でドイツと講和条約を結び、自国の足元を固めるなど、一国社会主義の路線をとらざるをえなかった。国力が充実するまで革命は後回し、である。

ナチス・ドイツが台頭した。ドイツと手を結び、ポーランドを分割した。ドイツが英仏と戦って疲弊するのを待ち、行動を起こそうという目論見だった。けれどもフランスがあっけなく降服し、ドイツが突然侵攻してきた。戦略の失敗だ。ソ連は数千万人とも言われる、大きな犠牲を払った。

ソ連は、通常戦力でドイツと死闘を繰り広げ、やっと押し返した。ヨーロッパで敵なし、である。その矢先に、アメリカが原爆を完成させた。強力な通常戦力があっても、アメリカの核兵器の圧力を受ける。共産主義を世界に広めるどころではない。自国の存立さえ心もとない。

すぐ原爆を開発せよ。ソ連の国をあげて、あらゆる資源が投入された。

◎最終兵器から防御兵器へ

ソ連の核開発は急ピッチで進み、一九四九年八月に、最初の原爆実験に成功した。

ソ連の原爆は、アメリカに衝撃を与えた。アメリカはただちに、水爆の開発を進めた。一九五二年には、最初の水爆実験に成功している。

核兵器は世界に拡散した。イギリスは一九五二年、フランスは一九六〇年、中国は一九六四年に、原爆実験に成功している。

＊

米ソの冷戦が始まった。

米ソ両国は本来なら、世界の覇権をかけて、戦争になってもおかしくなかった。第三次世界大戦である。でもそれは、核戦争になる。強い抑止がはたらく。

通常戦力で武力衝突が起こったとする。どちらかが優勢になった。劣勢になった側に、核兵器を使用する誘因が生まれる。すると、相手国も対抗して核兵器を使用する。核兵器は大量破壊兵器である。大都市など人口密集地帯に向けても使用されるだろう。人類の終わりかもしれない。

通常戦力による軍事衝突は、そのまま核戦争に移行するだろう。エスカレーションだ。だからなかなか戦争にならない。双方が臨戦態勢でにらみ合う。「冷戦」である。

＊

核兵器があれば、相手に決定的な打撃を与えることができる。けれども、相手も核兵器を持っていれば、当方も決定的な打撃を受ける。だから、核兵器は持っていても、使うことができない。

核兵器は、攻撃にもちろん使える。けれども、核兵器によって反撃されることが確実だから、使う意味がない。相手が当方を攻撃しない、保証にはなる。相手が核兵器で当方を攻撃したら、確実に反撃すると相手に信じさせればよいのだ。

核兵器は、このためだけにある。――これが、核兵器は「防御兵器」だ、という意味である。

◎「世界最終戦争」論

かつて石原莞爾《かんじ》という軍人がいて、「世界最終戦争」を唱えた。

彼は、陸軍の参謀で軍略家。満洲国の立役者のひとりだった。やがて陸軍の主流から外れた。中国に戦線を拡げることに反対だったからだ。

石原は言う。日本の主敵は、ソ連である。陸軍はソ連との決戦に備えるべきである。それには、中国の好意的な中立がカギになる。ソ連に勝利したら、そのあと日本は、東アジアに圧倒的な勢力圏を築き、世界の覇権をかけて、アメリカと対決するのだ。世界最終戦争である。

石原は、「最終兵器」にも言及している。核兵器を予想していたのかもしれない。

＊

当時の日本が中国を侵略せず、ソ連を主敵としていれば、アメリカが日本を支援する可能性があった。ロシアと戦う日本を、かつてイギリスが支援したのと同じ論理だ。石原莞爾の戦略論は、合理性がある。

そして、石原の描いた世界最終戦争の見通しは、「東アジアに圧倒的な勢力圏を築いた中国は、世界の覇権をかけて、アメリカと対決する」として、実現しつつある。

1・2

通常戦力と核戦力

原爆が、実戦配備された。水爆も。

それまでの通常戦力と、核戦力の関係は、どうなっているか。

水と油である。結びつかない。

◎通常戦力とは

通常戦力は、数百年をかけて、現在のかたちに整備されてきた。

＊

陸軍の戦闘の単位は、師団（division）である。（それより小さい旅団や、師団が集まった軍団がつくられることもある。）師団長がいて参謀がいる。連隊－大隊－中隊－小隊－…に分かれていて、それぞれに指揮官がいる。歩兵／砲兵／騎兵／工兵／…の兵種があって、兵站《へい たん》があって、軍法会議があって、一体になって行動する。会戦の際、あまり人数が多いと連携が取りにくいので、独立に動けるようにしたのが起源だ。（騎兵は二〇世紀に次第に、戦車などの車両に置き換わった。）

＊

海軍の戦闘の主力は、戦艦である。ほかに、巡洋艦、駆逐艦、潜水艦、水雷艇、…などの補助艦艇がある。戦艦が何隻かで艦隊をつくり、相手国の艦隊と決戦する。艦隊決戦に勝利すれば、制海権が手に入る。自国の通商を確保し、相手国の補給を脅かせる。

二〇世紀に、航空母艦が現れて、戦艦と主役の座を争った。戦艦の主砲よりも、航空母艦の艦載機の航続距離のほうがはるかに長いので、航空母艦が主力となった。

＊

空軍は、戦闘機と爆撃機と輸送機からなる。飛行場を拠点とする。戦闘機や爆撃機は、編隊を組んで行動する。空軍が登場してから、陸軍や海軍の作戦行動は、航空戦力の優位（制空権）のもとで行なうのが原則となった。

＊

戦争目的を追求するため、陸軍、海軍、空軍は緊密に協働する必要がある。アメリカなど多くの国では、統合参謀本部を設けている。（日本の旧軍には、それに当たるものがなく、陸軍の参謀本部と海軍の軍令部がばらばらだった。）作戦計画を立案し、作戦命令を発するのが、参謀部の役割である。

◎軍人は核兵器を嫌う

さて、軍人は、いつでも戦争をしているわけではない。でも、いつ戦争があってもよいように、備えて、訓練している。それが軍人の任務だ。戦争への備え、訓練。とはつまり、陸軍なら、師団の各部隊が、適切に作戦行動ができるように、修練すること。海軍なら、各艦艇が、適切に作戦行動ができるように、修練すること。空軍なら、各編隊が、適切に作戦行動ができるように、修練すること。修練を積めば、戦場で最善を尽くすことができる。

職業軍人は、この任務と修練に覚悟と誇りをもっている。自分たちの命をかけた献身に、戦場での勝利がかかっていると考える。

*

核兵器の登場は、この覚悟をぶち壊してしまう。

軍人が懸命に戦って、優勢になった。勝利は目の前だ。すると相手国が核兵器を使って、優勢をひっくり返してしまう。軍人が懸命に戦っても、勝利をえられない。あべこべに、わがほうが劣勢になった。相手が勝ちそうだ。そこで奥の手の核兵器を使う。戦況はひっくり返って、勝利がえられた。でもそれは、核兵器のおかげで、軍人の手柄ではない。

要するに、戦争の勝敗と、軍人のはたらきとは、無関係になってしまう。軍人の頭越しに戦争が決着する。だから**軍人は、本能的に、核兵器を嫌う。**

核兵器は、これまで通常兵器を前提に積み重ねてきた、軍の秩序と伝統を破壊してしまうのである。

◎力の均衡とは何か

「力の均衡」(balance of power)は、平和を考えるための、基本概念である。

ある国と、別な国が、どちらも軍事力をそなえている。**両国の軍事力がおおよそ釣り合っている場合、力の均衡がとれている**、という。両国とも、相手と戦って、必ず勝利できると確信できない。

これに対して、両国の軍事力に大きな差があると、力の均衡がとれていない。強い国は、弱い国と戦えば、勝てると期待できる。

＊

世界には、いくつも国がある。国益をめぐって争い、話し合いで解決がつかない場合、戦争になる。戦争に負ければ、損害を受けたうえ、相手の言うことに従わなければならない。たとえ勝っても、国力が消耗してしまう。

戦争にならない状態が、平和である。勝てるつもりで、戦争を始める国があるから、平和が破られる。各国の軍事力のバランスがとれている「力の均衡」が、大切だ。

◎ちょうどよい軍事力

「力の均衡」が崩れると、戦争になる。では、どのようにして「力の均衡」を守ればよいか。思考実験をしてみよう。

各国の国力は、同じではない。いま、国力が5：4：3：2：1の五カ国（A、B、C、D、E）が世界を構成しているとする。各国は、どの程度の軍備をもてばよいか。国力に応じて5：4：3：2：1の軍備をもつのが自然である。もっとも国力も軍備も大きいA国が大きな発言力をもち、以下、B国、C国、…の順になるであろう。

しかし、軍備は負担が大きい。その原資は、税金である。そこで各国が話し合い、軍縮をすることにした。どの国も、最低限の軍備をもつことにしよう。結果、五カ国の軍事は1：1：1：1：1の割合になった。A国は、この軍縮で、もっとも大きな経済的利益をうる。次いで、B国、C国の順となるであろう。これで平和が保たれるなら、よいことだ。

＊

ところが、D国が考える。各国が1の割合の軍備しかもっていないとき、もしも2の割合の軍備を持てば、大きな発言権をえられるだろう。その利益は大きい。国力は2あるのだから、軍備が2でも問題ない。そこでD国は軍備拡張に踏み切り、大きな発言権と影響力を手に入れる。

他国に比べて相対的に大きな軍事力は、政治力に転化する。

同じ誘惑が、C国、B国、そしてA国をとらえる。それらの国は、経済力を用いて、軍備拡張が可能である。こういう場合に軍拡競争が起こる。「力の均衡」が崩れる。戦争になる可能性が高い。

＊

逆に言うなら、「力の均衡」が崩れにくいのは次のような場合だ。飛び切りの強国は、飛び切りの軍備をもつ。それなりの強国は、それなりの軍備をもつ。中ぐらいの国は、中ぐらいの軍備をもつ。…。ちっぽけな国は、ちっぽけな軍備をもつ。どの国も、国力にみあった軍備をもっているので、順位を入れ替わろうと、軍備拡張に走るのはむずかしい。

ここから言えること。税金をケチって、**国力のある国が、小さめの軍隊をもつことは、国際社会の「力の均衡」を崩して平和を脅かす危険が高い。**

◎核武装の誘惑

以上は、通常戦力で軍備を整える場合の話であった。

核武装するという選択もからむと、話がややこしくなる。

＊

アメリカもソ連も、大国である。アメリカが原爆を持つと、負けじとソ連も原爆をもった。力の均衡が保たれた。よって、米ソの戦争は防がれた。

イギリス、フランスはまあまあの大国である。両国が核兵器を開発し核武装したのは、切迫した安全保障の危機があったからではない。

＊

中国が原爆を開発して核武装した。これは、深刻な安全保障の危機のためである。

中国はソ連の支援を受け、一九四九年に建国した。朝鮮戦争では人民解放軍が義勇軍となって、米軍と戦った。そのうち中ソ関係が悪化した。毛沢東は、ソ連との戦争を覚悟した。中国はソ連と、数千キロにわたる国境を接している。ソ連の陸軍は強力で人数も多く、中国に勝ち目はない。しかもソ連には核兵器がある。通常戦力の劣勢を補うため、どうしても核兵器がほしい。核兵器があれば、いくらソ連でも、中国に侵攻できないだろう。

中国の核武装は、通常戦力では自国を守れないための、選択だ。

＊

同様の力学が、パキスタン、イスラエル、北朝鮮にもはたらいた。

パキスタンは、インドと長い国境を接している。地上軍では劣勢である。そこで、唯一の選択肢が、核武装である。

パキスタンの核武装に対抗して、インドも核武装した。両国の核武装は、安全保障上やむをえないとして、主要国に黙認されている。

イスラエルは、周囲をアラブ諸国に取り巻かれていて、存亡が危うい。地上軍の人数では圧倒的に不利である。そこで兵器を最新鋭にし、諜報や特殊部隊の作戦も強化する。加えて核兵器も不可欠である。対抗してアラブ諸国が核武装することは、国際社会が支持しない。イランだけは核開発を目指し、アメリカと厳しく対立している。

北朝鮮は、冷戦後にソ連や中国の後ろ楯を失い、体制の危機に直面した。装備も旧式で、通常戦力では劣勢である。そこで九〇年代から、核開発に全力をあげた。原爆を開発し、弾頭を小型化し、長距離ミサイルや潜水艦発射ミサイルも開発して、アメリカを核攻撃する能力を獲得した。体制を防衛するための、核武装である。

これらの国々は、核武装することで、国力を上回る政治的発言力を手にしている。

以上をまとめると、**核戦力によって、通常戦力の劣勢を補える。**そこで、核武装への誘惑が生じる。

◎核は安上がりか

核保有国が増えていくことを、「核拡散」(nuclear proliferation)という。

核保有国が増えると、核の管理がむずかしくなり、核戦争の危険も増える。憂慮すべきことである。

核拡散が起こるのは、核を保有することが有利だと、多くの国々が考えるからだ。核保有はほんとうに有利なのだろうか。

＊

隣国が二〇個師団で、わが国と対峙しているとしよう。わが国も、二〇個師団の軍備を整えるべきだろうか。国力に余裕があれば、それもよい。わが国は貧しく、軍備に割ける資源は限られている。どうするか。

一個師団をもつのにも、かなり費用がかかる。数万人の人員を維持しなければならない。給与や訓練。それだけの人員を、労働市場からひき抜くことになる。装備も整える必要がある。銃や大砲、車両、宿舎、通信設備、糧食、などなど。数万人の大企業を維持する経費、と思えばよいだろう。

もしも核兵器があれば、二〇個師団の代わりに、数個師団で足りるかもしれない。節約できた資源を、核開発に投資する。いちど開発してしまえば、維持経費はあまりかからない。大きな破壊力のわりに、費用はそれほどかからないのだ。核保有は、費用・対・効果の高い選択である。

もうひとつ、軍事的利点に加えて、核兵器をもつと、大きな政治力が手に入る。外交の切り札に使える。大国に相手にしてもらえる。政治的指導者には大きなメリットだ。

核保有は採算がとれる、のである。

＊

とは言え、核保有を選ぶ国は、それほど多くない。核兵器を持たず、大国の核の傘に入るという選択肢もあるからだ。

「核の傘」は、核保有国が提供する、安全保障の約束である。条約のかたちをとる。これについて、章を改めて論じよう。

第2章
戦争について

人類は古来、ずっと戦争をしてきた。

戦争を決して、好ましいと思ってはいない。でも、避けられないこともあるのだ。

2・1 戦争は不法なのか

まず、戦争の定義をしよう。

クラウゼヴィッツの有名な定義、**「戦争とは、暴力によって、当方の意思を相手に押しつけることである」**は、まったくその通りである。

暴力（戦闘行為）は手段。目的は、相手に、当方の意思を承認させること。双方の違いが除かれ、平和が実現する。合意の内容は、「平和条約」に書き留めておく。

◎戦争は統治行為である

戦争は、国家がやるものと決まっている。少なくとも近代では。

国家は、戦争を行なう主体である。戦争を始めると決め、やめると決める。

戦争には誰でも参加できるわけではない。「戦闘員資格」がないとだめである。

誰に戦闘員資格があるかは、国際法で決まっている。各国の正規の軍隊は、もちろん資格がある。加えて、市民の義勇軍みたいなものも、（1）制服など目印をつけ、（2）指揮官がいて、（3）公然と武器を携行し、（4）国際法に従う、ならば戦闘員と認められる。それにひきかえ、山賊や海賊、テロリスト・グループなどには、戦闘員資格がない。不法な戦闘員で、犯罪行為だ。（実際には、ゲリラやパルチザンのように、どちらともつかないあいまいな場合がありうる。）

ちなみに、この国際法の規準に照らせば、**自衛隊は軍隊である**。憲法によれば軍隊でない、などは国内法の話である。国際法から言えば、立派な軍隊。日本の法学教育は国際法、特に戦時国際法をおろそかにしているので、議論が国内法に偏っている。

＊

国家は、領土をもち、人民を統治している。警察権や裁判権、行政権、徴税権、外交権、交戦権などをもっている。政府を組織し、政府職員を雇っている。

そこで、戦争を、つぎのように定義できる。

戦争は、税金を集めて軍隊をもつ主体（国家）が、他の国家に対して行使する暴力行為である。この定義は、近代国家だけでなく、古代の国家にもあてはまる。

◎軍人という職務

軍隊は、軍人の集団である。

軍人は、武器を持っている。その武器は、税金によって用意され、与えられたものだ。軍人は戦う。それは命じられたから。職務だからだ。相手に対する憎しみのためではない。

軍人には、職業軍人もいる。徴集された一般人民もいる。戦う意味を見つけ、職務に集中しているかもしれない。その場合は、士気が高い。でも、いつもそうとは限らない。

*

ヨーロッパの中世には領主や騎士がいた。日本には武士がいた。彼らは自分で武装し、自分の考えで自分の利益のために戦った。私戦の側面がある。いま定義したような戦争だったのか、疑わしい。

近代の戦争では、多くの一般人民が志願して、または徴兵されて、軍務につく。職業軍人ではない。でも、軍人になって戦争しなさい、と政府に命じられれば、戦争しないわけにはいかない。戦争は、市民の可能性として、すぐそこにある。

◎戦争の自由

古代の国家も、近代の国家も、戦争の自由があった。統治者（君主）は、必要があればいつでも戦争した。戦争することは、統治者の権限であり、職務でもあった。

国家は、いつでも戦争してよい。 戦争するかどうかは、統治者が自由に決める。これがまず、原則である。

◎戦時国際法

では国家は、まったく自由勝手に戦争してよいのか。

戦争のやり方は、それなりのルールがあった。

武器に毒を塗ってはいけない。水源地に毒をほうりこんでもいけない。中立を守るルールもあった。戦い方の、確立した慣習的なルールがあった。戦時国際法である。

近代になって、戦時国際法は、ハーグ陸戦規定などのかたちで、条約化された。その本来の姿は、不文の慣習法であったことを、頭の隅に入れておこう。

◎交戦権

このように、戦時国際法などのルールに従うとは言え、国家は戦争する権限がある。すべての国家にそなわった権限だ。これを、交戦権（right of belligerency）という。

誰が国家に、この権限（交戦権）を与えたのか。キリスト教では、神（Ｇｏｄ）が与えたと考える。啓蒙思想はこれを、世俗的に、自然法にもとづくと言い直した。「自然」とは、神の創造のわざに由来するという意味。実は同じことである。

国家の交戦権は、とりあげることができない。

よって、国家が戦争に訴えることは、いつでも合法である。

◎不戦条約

一九世紀まで、ヨーロッパ列強は、自由に戦争できるのは当たり前だと思っていた。だが二〇世紀になって、欧州大戦（第一次世界大戦）が起こると、これはひどすぎると思った。千万単位の人間が、命を落としたのだ。

戦争そのものを、不法だとする気運が高まった。戦後のヴェルサイユ条約では、ドイツの戦争責任が問われた。一九二八年には、戦争を不法とする、パリ不戦条約が結ばれた。日本も調印し、批准している。

＊

パリ不戦条約は、しかし、戦争を一律に禁止したわけではない。戦争の種類を分け、「自衛のための戦争」は合法であるとした。そうでない戦争は違法になった。

交戦権一般は否定するが、自衛権は否定しない。これが国際合意である。

＊

逆に言えば、自衛であると言い訳できれば、戦争ができる。

相手から攻撃され、自衛のために戦う戦争は合法なのである。今日まで、不戦条約は戦争を禁止することに成功していない。

それに、誰かが不法な戦争を始めたとしても、それを止める方法がない。戦争をしかけられた側は、自衛のために反撃できる。これでは戦争は、止まるどころか、ますます激しくなってしまう。

2・2　自衛権

◎自衛権とは

さて、誰が国家に、自衛権を与えたのか。

それはやはり、自然法であると言うしかない。

自然法の特徴は、成文法でない（条文がない）こと。そして、それが授権された手続きが存在しないこと。要するに、それは人びとの「一致した学説」にすぎない。みんなでそう考えることにしました、である。

とにかく、自衛権という名前の権限があって、国家にそなわっている。そのように国際社会が合意していることが、重要だ。

◎帝国憲法の場合

大日本帝国憲法は、一九世紀の国際常識に合わせて、定められている。

帝国は、軍隊（陸海軍）をそなえている。その軍事指揮権（統帥権）は、君主（天皇）にある。議会の役割も定められている。

帝国は、交戦権をもつ。交戦権をもつのだから、自衛権も当然に、もっている。

条約を結び、結んだ条約は、それを遵守する。通常の国家と同じだ。

国民（臣民）には、兵役の義務がある。

＊

この憲法は、連合国軍（アメリカ）の占領下で改正され、日本国憲法となった。

◎日本国憲法の場合

日本国憲法は、敗戦を踏まえた戦後処理の一環として、定められている。

日本国は、陸海軍そのほかの軍隊を置かない。従って、軍事指揮権についての規定が、憲法にはない。

日本国は、交戦権をもたない。交戦権を放棄した。それに加えて、自衛権についての言及がない。

＊

ここは大事な点である。

この憲法のもと、日本国に交戦権がないのは明らかだ。《日本国民は、…国権の発動たる戦争と、…武力の行使は、…永久にこれを放棄する》と書いてあるのだから。

だが考えてほしい。そもそも持っていない権利を、「放棄」することはできない。もともと日本国民は、交戦権を持っているから、「放棄」することができるのだ。帝国憲法のもとでは、交戦権があった。それは統治権者（天皇）が手にしていた。その意味か。そうではない。日本国民が主権者となったのは、帝国憲法の改正による、日本国憲法のもとにおいてである。その日本国憲法に、戦争放棄の条項がある。

ならば、こう考えるしかない。交戦権の放棄を定めた憲法9条が意味あるものとなるためには、**日本国民は、「潜在的に」交戦権を持っていると考えなければならない。**いまも。そう考えて、はじめて議論が一貫する。「戦争を放棄したのですか、ああそうですか」ではない。日本国民は、交戦権の主体である。その国民が、意思して自覚して、交戦権を「放棄し続ける」。それが、9条の意味である。

＊

言い換えると、こういうことだ。

日本国民が、日本国憲法を改正して、9条の戦争放棄をやめにしたらどうなるか。「潜在的に」持っていた交戦権が、元どおりに戻ってくる。そうすべきかどうかは、日本国民が議論して決めるべきことだ。日本国民は「主権者」なのだから。

◎自衛権は、どんな権利か

現行の日本国憲法のもと、日本国には交戦権がない。明文で、そう書いてある。けれども、自衛権はある。これは、政府の見解（解釈）だ。この解釈にもとづいて、自衛隊が置かれている。

＊

日本社会党は戦後ずっと、自衛隊は憲法違反、と主張していた。最後は「違憲合法」という、奇妙な主張になった。憲法違反かどうかを決めるのは、最高裁判所である。肝腎の、最高裁判所の憲法判断は示されていない。よって、憲法との整合性は不明なのだが、それはおいておき、自衛権なるものについて、考えてみよう。

＊

日本国憲法には、自衛権があるとは書いてない。だが、自衛権がないとも書いてない。だから、もしも自衛権があるとすれば、それは日本国憲法の条文と無関係に、日本国（日本国民）にそなわっている、と考えなければならない。

憲法に規定がなくても、そなわっている権利。それは、「自然権」である、と考えるのが正しい。

◎日本国憲法と、自然権

日本国憲法に、自然権の考え方があるか。自然権の考え方はある。

たとえば、基本的人権。第11条には、《この憲法が国民に保障する基本的人権は、侵すことのできない永久の権利として、現在及び将来の国民に与へられる。》とある。どういうことか。基本的人権は、この憲法の条文に規定があるから、日本の人びと（国民）の権利なのではない。この条文に規定がなくても、権利なのである。この権利は、条文を修正しても奪うことができない。「制定法による権利」ではなく、「自然法による権利」、つまり自然権であるということだ。

＊

また、前文にはこうある。日本国の主権のありかと統治の原則をのべたあと、《これは人類普遍の原理であり、この憲法は、かかる原理に基くものである。》とある。この憲法そのものが、不文の法則（自然法）にもとづくことをのべている。

＊

日本国憲法は、人類普遍の「自然法」が根本にあり、それを具現化した制定法のひとつが日本国憲法である、という思想にもとづいている。

基本的人権とは、自然権のことである。

だから、日本国憲法が、条文にそれと書いてなくても、自然法思想にもとづく自衛権をその背後に想定していると考えるのは、それほど突飛なアイデアではない。

◎自衛隊は軍なのか

日本国に自衛権がそなわっているとしよう。

すると、その自衛権を具体化するために、日本国民が、議会で法律（自衛隊法）を定め、自衛隊を置くことは筋が通る。（国民の多くが、自衛隊を認めているが、反対する声も根強い。その問題は、また別な議論である。）

では、自衛隊はどういう存在なのか。

＊

自衛隊は、武器をもち、指揮官がいて、戦闘に従事する用意のある、国家組織である。戦時国際法の、軍隊の定義に合致する。また、海外では、軍隊として扱われる。どこからみても、軍隊そのものである。

けれども自衛隊は、軍隊ではない。日本国憲法第9条に、陸海軍をはじめ、軍隊を置かない、と書いてあるからだ。

軍隊でないなら、警察である。**自衛隊は、国内法上、警察である。**

では、警察は軍隊と、どう違うのか。

◎ポジティブ・リスト／ネガティブ・リスト

警察と軍隊の違い。あちこちでのべたことであるが、大事な点なので強調しておく。

まず共通点は、公務員の組織であること。特別な職務に従事するので、制服を着ている。武器を携帯している。外見は似ている。

では、違いはどこか。職務と法律との関係が、根本的に異なっている。

*

警察は、一般の政府組織と同じ原則に従う。根拠となる法令によって「これをしてよい」と決めてあることはしてよく、それ以外はしてはならない。「これをしてよい」と、肯定文で決めてあるので、ポジティブ・リストという。

軍隊は、これに対して、一般の政府組織と違った原則に従う。平時ではなく、戦時の組織だからだ。すなわち、根拠となる法令によって「これをしてはならない」と決めてあることはしてはならないが、それ以外はしてよい。「これをしてはならない」と、否定文で決めてあるので、ネガティブ・リストという。

*

ポジティブ・リスト／ネガティブ・リストでは、「ポジティブ」のほうがよさそうに聞こえる。実際はその逆で、ネガティブ・リストのほうが能力が高い。禁止されていること以外なら、**必要なことは、なんでもできる**からである。そうでなければ、まともに戦争ができない。

◎軍は、政府と独立に行動する

軍がどのような組織であるべきか。その原則は、ヨーロッパで練り上げられた。

ヨーロッパは、多くの国々が国境を接している。戦争すれば、すぐ隣国にはみ出してしまう。軍隊は、国境を越えて外国で活動する。国内法は及ばない。そこで、敵と戦い、民間人を保護し、あたりを占領したら、軍政を敷き、現地の人びとの面倒も見なければならない。

そうした活動を、本国政府と切り離されて、実行するのである。

だから、必要なことは実行する、という原則の組織でなければならないのだ。

＊

日本を占領した連合国軍の総司令部の仕事を考えてみよう。司令官マッカーサーは、天皇ならびに日本政府の上に立つ、超憲法的（超法規的）な存在だった。そしていちいち、本国の指示を仰がなかった。軍隊は、そこまでの権限をもつ場合があるのだ。

◎自衛隊は、特措法が必要である

自衛隊は国内法上、軍隊ではない。警察と同様に、授権されたことしかできない。

そこで、自衛隊がイラクで、復興支援にあたるためには、その根拠になる特措法（イラク人道復興支援特別措置法）が必要となった。これが軍隊なら、「イラクに派遣する、これこれの任務を果たせ」と命令すれば終わりである。

このように自衛隊は、活動の法的根拠を与えるため、その都度、特措法を制定する必要がある。

＊

自衛隊は、国内で活動することを想定し、「専守防衛」を掲げてきた。でもそれでは、国防の任務を果たすことができない。

それで一九九九年、「周辺事態法」が制定された。「このまま放置しておくと、日本の平和と安全に重大な影響を及ぼす事態」が周辺事態。周辺とは、地理的な概念ではなく、「状況的」(situational) な概念だという。この法律によって、自衛隊は、日本の「周辺」で防衛活動を行なうことができるようになった。ちなみに朝鮮半島や台湾周辺は、もちろん周辺に入るはずだ。

◎国防軍なら明快

実質的には軍隊なのに、法的には警察。この不都合を解消し、自衛隊が防衛の任務を存分に果たすために、いちばん明快な方法は、自衛隊を「国防軍」に衣替えすることだ。そうすれば、各国の軍隊と対等になれる。

自衛隊を正常な軍事組織に戻すには、これしかない。が、課題も多い。

まず、憲法改正が必要である。

＊

日本国憲法は第9条で、陸海軍を置かない、と定めている。国防軍は、軍隊だ。だから第9条を改正する必要がある。

憲法改正の議論のひとつに、第9条に「自衛隊をおく」と書き込んで、自衛隊が合憲であることを明文化しよう、というアイデアがある。これでは、自衛隊が軍隊でない状態のままで、何の解決にもならない。（それにそもそも、明文化しなくても、自衛隊は合憲ではなかったのか。）

憲法を改正して国防軍をおけば、近隣諸国が警戒するかもしれない。しかし近隣諸国は、現に軍隊をもって、わが国に脅威を与えている。お互いさまだ。

◎軍事指揮権を明確に

第9条以外にも、手直しが必要だ。

軍事指揮権が内閣総理大臣（首相）にあることを、憲法に明記すること。防衛大臣は平時に軍政を担当する職。首相と参謀部のあいだに入って、戦時の指揮権を混乱させてはならない。

参謀部の権限と責任も、明確にしておく必要がある。

国会にも、国防委員会を設けて、安全保障について国民の前で議論することが重要だ。

＊

自衛隊が国防軍になることで、自衛隊にできることが増える。それに合わせて、日米ガイドラインを再度改定し、米軍と自衛隊の役割分担を決めなおす必要もある。

日米安保条約は、一段と実効性のあるものになるはずだ。

＊

日米安保条約は、どのような条約なのだろうか。

次章では、軍事同盟について考えよう。

第3章

軍事同盟

A国とB国が、**共通の脅威に対抗するため、共同で軍事行動をとることを約束**するのが、軍事同盟である。

古代から、数多くの軍事同盟が結ばれてきた。ヨーロッパではNATO（北大西洋条約機構North Atlantic Treaty Organization）が重要である。日本国にとっては、日米安保条約が重要である。国際連合も、その本質は軍事同盟である。

本章では、軍事同盟について、考えてみよう。

3・1 同盟と中立

◎中立の意味

U国とC国が、戦争になった。両国間の貿易や交通は閉ざされる。相手国の資産は凍結されたり没収されたりするだろう。相手国の人間は、行動の自由を奪われるかもしれない。

＊

では、両国とほかの国との関係は、どうなるか。

ほかの国（第三国）は、つぎのどれかになるはずだ。

（1）U国の同盟国（つまり、C国の敵国）

（2）中立国

（3）C国の同盟国（つまり、U国の敵国）

戦争に巻き込まれないで、安全でいたいなら、「中立」の立場をはっきりさせなければならない。

＊

中立であるかどうか。それは、その国の主観や希望の問題ではない。戦争しているU国、C国が、その国を中立だと認めるかどうか、の問題だ。

中立をめぐっては、国際的な慣習（戦時国際法）がある。

第三国（X国）は、交戦国（U国、C国）と、通商関係があるだろう。人の行き来もあるだろう。外交関係もあるだろう。情報の交換もあるだろう。そうしたつながりは、戦争に直接関係がないなら、そのまま継続してかまわない。

ただしX国は、中立を保ちたいなら、つぎの行為をしてはいけない。

・武器・弾薬、兵員そのほか、戦闘に直接関係ある物資を運び込むこと。

・軍需物資（石油、化学薬品、ウラニウム、工業製品、…）を運び込むこと。

・自国の領内に、交戦国の軍隊を立ち入らせること。

・交戦国の軍艦を、自国の港に寄港させること。

X国が、たとえばC国に対してこうした行為を行なった場合は、U国はそれを、C国を支援する行為とみなすだろう。そしてX国に、武力行使を含む制裁を加えるだろう。

X国は、中立国として扱われたいなら、これらの行為をしていないことを、交戦国に対して証明する義務がある。

◎無害通行権

日本は島国なので、あまり経験がないが、陸地で周囲を他国に囲まれた国々では、無害通行権というものがある。

昔から、商人は、各地を自由に通行していた。ある国の使節団も、自由に通行した。ある国の軍隊はどうか。

ある国の軍隊は、第三国をどうしても横切る必要がある場合は、最短ルートをすみやかに移動し、住民の安全を保障すると約束して、第三国の政府の許可をえる慣習があった。許しがえられなくても、強引に通過してしまう場合もあった。

＊

交戦国のいっぽう（たとえば、C国）の軍隊が、作戦の必要上、第三国（X国）を強引に通過したとする。交戦国のもういっぽう（たとえば、U国）は、X国が中立を破ったとか、C国に戦争協力したとか、みなさなくてよい。X国は、中立の立場を損なわれない。

交戦国の航空機やミサイルが、第三国の領空を通過しても、同様だと考えられる。

◎臨検

交戦国（たとえば、U国）は、武器や軍需物資が、相手国（たとえば、C国）に運び込まれるのを阻止するため、海上で商船の臨検を行なうことができる。

U国の軍艦は、C国の軍艦を発見した場合、撃沈できる。

U国の軍艦は、C国の商船を発見した場合、拿捕《だほ》できる。

U国の軍艦は、第三国（X国）の商船を発見した場合、臨検できる。

＊

臨検のやり方は、こうである。

まず、X国の商船の、停船を命じる。停船に応じなければ、威嚇射撃をする。それでも応じなければ、撃沈してもよい。

平時には、こんな行為は許されない。戦時には、U国、C国が交戦していることが、各国に告知される。その結果、両国の軍艦に、こうした権限が与えられる。

商船が停止したら、軍艦から軍人が乗り込み、行き先や積み荷を検査する。問題がなければ、商船は、航行を続ける。行き先が相手国で、武器や軍需物資がみつかった場合は、引き返すか、積み荷を海に投棄するように求める。応じなければ、撃沈してもよい。

平時にもしも、臨検をすれば、それは違法で、戦争の原因になる。

臨検は、乱暴なようだが、第三国の商船の地位を尊重する（いきなり撃沈したりしない）ということである。

ちなみに、自衛隊が国防軍になると、戦時には、公海上で臨検をしてもよくなる。

＊

◎武装中立

中立とは、特権である。ぼんやりしていては、手に入らない。

中立であるためには、交戦国のいっぽうに有利になることをしてはならない。たとえば、武器や軍需物資を、交戦国に輸出してはならない。

交戦国の軍隊が侵入してきたら、阻止しなければならない。さもなければ、陣地を構築して、そこから相手国に出撃するかもしれないからである。

阻止するというが、相手は交戦国の、武装した軍隊である。どうやって阻止するのか。こちらも武力で撃退する。それをやらないと、国際社会から「中立」国だとは認められない。自分で、中立国です、と思っていてもだめである。

＊

だから**中立は、「武装中立」以外にありえない**。交戦国のどちらにも肩入れしないとは、いざとなれば交戦国と武力衝突する、という覚悟と準備なしにはできない。

中立を追求すると、かえって武力衝突になってしまうかもしれない。でも交戦国は、相手国との戦争で忙しいので、第三国を構っている暇がない。中立を守るぞ、と武力で身構えている第三国に、手を出さないだろう。

◎中立国スイス

スイスは、永世中立国として有名である。

スイスは、武装中立のお手本である。国民に、国際法と中立についてしっかり教育を行なう。軍事訓練を行ない、いつ外国が侵入しても損害を与えて撃退するぞ、と身構えている。ハリネズミのような国家だ。

神学者のカール・バルトは、第二次世界大戦の当時、高齢だったが、銃をもって国境で警備にあたっていた。ほかのスイスの市民と同様に。

スイスは、国内に産業がなく、若者が余っていた。ルネサンスからしばらくの間、スイス人の傭兵隊は、ヨーロッパ中で暴れ回った。スイスには、軍での経験がある人びとが大勢いた。強国の中間にあるという地理的条件に加え、住民の言語がドイツ語／フランス語／イタリア語に分かれている国情もあって、永世中立という政策を採用した。

スイスの中立は、努力のかたまりだ。かちとった特権なのである。

◎非武装中立

わが国にはかつて、「非武装中立」を唱える人びとが多くいた。

軍事学も国際法もわきまえない妄論だ。

非武装と中立は、結びつかない。非武装中立は、「丸い四角」のような、矛盾した概念である。そもそも成立しないのだから、賛成か反対か、以前の問題だ。

＊

空襲や原爆に懲りたので、二度と戦争に巻き込まれたくない。「非武装」「中立」は魅力的だ。日米安保条約に反対で、アメリカと距離を置きたい。だとしても、だから「非武装中立」をめざそう、は話が飛躍している。

非武装中立は、力の真空である。冷戦下、日米安保条約を解消しよう、非武装中立をめざそう、という声が大きくなることは、ソ連の思うつぼである。アメリカは、非武装中立論はソ連が仕掛けている、と疑ったろう。

＊

一時期わが国で、非武装中立が大きな顔で議論されていたのは残念だ。国際法や外交や軍事学の専門家は、何をしていたのか。世論が、国際常識とかけ離れていると、国の進路を誤らせることになる。

◎中立か同盟か

どこか（C国とU国）で戦争が始まった場合、残りの国はどうするか。

それは、その国ごとの政策（判断）の問題である。

ある国は、積極的にC国を支援し、兵器や軍需物資をC国に提供する。U国から、C国の同盟国とみなされてもいいと覚悟する。場合によると、U国と戦争になるかもしれない。

ある国は、積極的にU国を支援し、兵器や軍需物資をU国に提供する。C国から、U国の同盟国とみなされてもいいと覚悟する。場合によると、C国と戦争になるかもしれない。

どちらもせず、中立を保ちたい場合、C国、U国に誤解されないように、適切に行動しなければならない。中立国とみなされる条件は、すでにのべた通りだ。

＊

戦争かどうか、あいまいな武力紛争がある。

一九三七年、北京郊外の蘆溝橋《ろこうきょう》で、国民党軍と日本軍が衝突した。それが拡大し、支那事変になった。戦後はこれを、日華事変とか、日中戦争とかよぶ。

当時この紛争を「事変」とよんだのは、戦争ではない、という意味だった。戦争だと、第三国から軍需物資を輸入するのに支障がある。日本も、中華民国も、それを嫌ったのだ。

こういういわれがあるものを、勝手に「日中戦争」と呼び換えてしまうと、歴史の大事なポイントがわからなくなる。

◎ウクライナ戦争の場合

二〇二二年二月二四日、ロシアがウクライナに侵攻した。「特別軍事作戦」だという。正式な戦争の手続きを踏んでいない。でも正規軍による、本格的な戦争だ。

ウクライナは、NATO（北大西洋条約機構）に加盟していない。ロシアは、加盟しようとしていると疑っている。首都キーウを陥れ、ゼレンスキー政権に替えて、傀儡政権を立てる予定だった。でも作戦はうまく行かず、二〇二二年八月現在、膠着状態のままである。

主権国家ウクライナへの、ロシアの理不尽な侵攻。NATO諸国はショックを受け、ウクライナに最新兵器を供与し、その操作の訓練もした。ウクライナはロシア軍を食いとめることに成功した。

西側諸国は、軍事援助のほかにも、ロシアに対してかなり踏み込んだ経済制裁をかけている。ロシア経済は苦境に陥った。

これらNATOや西側諸国の行動は、「中立」違反にならないのか。

*

NATOや西側諸国の行動は、慎重に計算されている。

NATOや西側諸国は、この戦争の当事者にならないようにしている。戦争当事者になれば、第三次世界大戦や核戦争になってしまう危険が高い。そこで、戦闘機を供与したり、ロシア領内を攻撃できる射程の長い兵器を供与したりするのを避けている。ロシアもその微妙な加減をわかっている。

ロシアはこれを「特別軍事作戦」と称し、戦争の手続きをとっていない。支那「事変」と同じ考え方だ。支那事変では、イギリスは援蔣《えんしょう》ルートを通じて物資を届け、蔣介石政権を援助した。日本はイギリスに対し、対抗措置をとらなかった。ウクライナ戦争でのロシアも、似たような立場だ。

3・2 軍事同盟

つぎに、中立とは反対の、軍事同盟について考えよう。

世界には、数多くの軍事同盟があった。そのいちいちは、論じないことにする。日本が経験した軍事同盟は、三つある。日英同盟。日独伊三国同盟。日米安保条約（日米軍事同盟）。これらを順に、みていこう。

◎日英同盟

日英同盟が結ばれたのは一九〇二年。イギリスは当時、世界の覇権国で、強大な海軍力を誇っていた。そして、南進するロシアと対立していた。極東でロシアの脅威を感じていた日本と、利害が一致した。武器も金もやるから、ロシアと戦争してごらん、である。

日本にとってこれは、渡りに船だった。そして、日露戦争が始まった。

この戦争は日本にとって、防衛的なものだった。ロシアは強国で、朝鮮半島に拠点を置くかもしれない。そんな拠点ができれば、日本はロシアに抑え込まれてしまう。でも戦争しようにも、負ける可能性が高い。すると、イギリスが後ろ楯になってくれた。負けても何とか立ち直れるだろう。

イギリスは新造の戦艦を、どんどん回してくれた。旗艦の三笠も同型艦の朝日も、イギリス製である。代理戦争だと言ってもよい。

＊

ところが、勝ってしまった。これが間違いの始まりだ。

軍は舞い上がった。そしてロシアに勝った結果、仮想敵国も戦争目的もはっきりしなくなった。軍の存在それ自体が、自己目的になってしまった。

アメリカは、日本は勝ちすぎだと警戒した。アメリカ艦隊（白艦隊）を日本に送って警告した。ポーツマス講和の仲介を買って出たのも、警戒の表れだ。日本は気づかなかった。

ナショナリズムが過熱した。新聞や雑誌は、戦争のニュースは金になることがわかった。戦争を煽る体質が、ジャーナリズムに染みついた。

日英同盟は、一九二三年に失効した。アメリカのさしがねだ。日本は、この同盟がなくなることがどんなに危険か、わかっていなかった。

＊

日露戦争の勝利は、植民地支配に苦しむ世界の人びとに希望を与えた。アジアの小国が、白人のロシアに勝った。でもこの勝利は、イギリスと同盟を結んでえられたもの。イギリス植民地のインドや、半植民地の中国に、連帯すると言いにくかった。

◎日独伊三国同盟

ヒトラーのナチス・ドイツ、ムソリーニのイタリアと日本は、一九四〇年九月に軍事同盟を結んだ。ドイツがフランス、オランダを降服させた。東南アジア進出のチャンスだと、日本は浮かれた。しかしこの同盟は、メリットがなかった。日本が真珠湾を攻撃すると、ドイツ、イタリアはアメリカに宣戦した。アメリカが参戦したので、枢軸側の三国の敗戦は決まったようなものだ。

日独伊三国同盟は、日本の選択肢を狭め、大きなマイナスになった。当時の指導部が、世界情勢を読み解く力はその程度のものだった。

◎日米安保条約

日米安保条約は、一九五一年九月に調印された。日本が独立を回復したサンフランシスコ講和条約の締結と同時である。日本には選択の余地がなく、独立の条件だったと言ってもよい。そのあと一九六〇年六月に新しい内容に改定されて、今日に至っている。

この条約は、いまも、日本の安全保障の基本である。

＊

この条約の内容を、まとめてみる。

a．日本は個別的自衛権にもとづき、アメリカは集団的自衛権にもとづいて、協力して日本を防衛する。

b．両国は、自由主義を守り、経済分野でも協力する。

c．日本や極東の平和と安全が脅かされた場合には、随時協議する。

d．アメリカは日本に基地を置く。詳しいことは、日米地位協定で決める。

e．一〇年が経ったあとは、一年ごとに自動延長する。

日本はアメリカを守る義務はない。

在日米軍が攻撃された場合には、自衛隊は、反撃できる。

＊

この条約はもともと、ソ連を念頭においたものだった。

そのあと、日本の国力が充実すると、少しずつ性格を変えていった。

冷戦が終わりソ連が解体すると、中国や北朝鮮を念頭においたものに変化した。日米安保の再定義である。

アメリカの一部に、この条約は日本に有利すぎる、という声がある。安保ただ乗り論である。それを気にした日本は、米軍の駐留経費の大部分を負担している（思いやり予算）。

◎日米ガイドライン

日米ガイドラインは、「日米防衛協力のための指針（Guidelines for Japan-U.S. Defense Cooperation）」の通称である。日米安保条約のもと、日米がどのように防衛活動を行なうか、具体的に定めている。

最初に制定されたのは一九七八年。ソ連が侵攻するかもしれなかったタイミングだ。

これが改定されたのは、一九九七年。朝鮮半島危機に備えた。一九九四年には戦争の瀬戸際で、カーター元大統領が平壌に飛んで回避されていた。あわせて、周辺事態法も制定された。

二〇一五年には、再度の改定。中国の軍事的脅威の高まりを念頭に置いている。

＊

日米安保条約は、日本の施政権が及ぶ範囲が対象だ。沖縄返還にともなって、沖縄も含まれた。尖閣諸島は、日本が実効支配していて、日米安保条約が適用される（アメリカにも防衛義務がある）、がアメリカの見解だ。

◎占領下の安全保障

日米安保条約が発効したのは、日本が独立した一九五二年である。敗戦から独立までは、日米安保条約などなかった。では日本の安全は、誰が保障していたのか。日本を占領していた連合国軍（実質的には、アメリカ軍）が、保障していた。日本は主権を失って、保障占領されていた。自国を守る権限も責任もない。代わってアメリカ軍が、日本を守っていた。世界最強のアメリカ軍に、手を出す国がいるはずもない。これ以上の安全はなかったわけだ。

＊

折から朝鮮半島で、朝鮮戦争が起こった。半島全体が戦場となった。もしも日本が独立国だったら、気が気でなかったろう。でもアメリカが、日本を占領している。日本には軍隊がない。心配する理由も必要もない。朝鮮特需を喜んでいればよかった。

3・3 集団安全保障

◎連合国と国連

軍事同盟と安全保障の関係について、確認しておく。
安全保障とは、外国の脅威に対して、自国を守ること。
自国が十分に強大なら、自国の軍事力で、自国を守ることができる。
自国がそこまで強大でないなら、強大な同盟国をみつけるほうがよい。
自国が弱小な場合には、どこかの軍事同盟に入れてもらうしかない。

＊

国連憲章は、集団的自衛権を認めている。国連には多くの加盟国があり、単独では自国を防衛できない弱小な国も多いからである。

日本語では、国際連合（United Nations）だが、そもそもこれは、第二次世界大戦の連合国（United Nations）の意味である。（中国語では国連のことをちゃんと「聯合国」という。）国連とは、軍事同盟なのだ。（国連憲章に敵国条項が入っているのも、第二次世界大戦の連合国が、国連の前身だったことの名残りだ。）

◎集団的自衛権

集団的自衛権とはなにか。

複数の国が、軍事同盟を結ぶ。そのうち一国が攻撃されたら、すべての国が攻撃されたとみなして、反撃する。こういう軍事同盟を結んでおけば、弱小な国も、攻撃される可能性は少ないだろう。（でも逆に、ささいな紛争がたちまち全面戦争に拡大してしまう、という恐れもある。）

ともかく、こういう軍事同盟を結ぶ権利を、弱小国に認めないと、すべての国の安全保障を確保できない。これが国連と、国際社会の合意である。

＊

国連の本質が軍事同盟なら、中立の原則とはそぐわない。そう考えたスイスは戦後長く、国連に加盟していなかった。これは、正しい態度ではある。

日本政府は、個別的自衛権は憲法に合致するが、集団的自衛権は憲法に合致しない、という見解をとってきた。しかし、一九五六年に国連に加盟している。憲法第９条と国連加盟は矛盾していないか。日本人の頭のなかでは、国連＝世界の平和＝戦争しない、という等式が成立していたので、この矛盾は気にならなかったようだ。

◎集団的自衛権は合憲か

さて、自衛権は、国連憲章が定める、集団的自衛権の基礎である。

では**自衛権は**、条約上の権利か。

条約に定めがあろうとなかろうと、**主権国家にもとからそなわった権利。すなわち、自然権と考えるべきである。**このことは、すでにのべた。

＊

では、個別的自衛権（自国が自国を守る）と、集団的自衛権（各国が互いを守り合う）は、どういう関係にあるか。

自衛権は、自然法にもとづく権利。ならば、**個別的自衛権と集団的自衛権は、概念として区別できるとしても、自衛権としては一体で、どちらも主権国家にそなわっている**と考えるべきだろう。国連憲章もその考えに立っている。

違いがあるとすれば、つぎの点だ。

個別的自衛権は、他国と条約を結ばなくても、いつでもすぐ行使できる。

集団的自衛権は、他国との意思一致が必要なので、軍事同盟（相互防衛条約）を結んだ場合に、行使できる。条約なしには行使できない。

以上の違いがある。しかし、自衛権の本質に違いがあるわけではない。

＊

ではなぜ、日本政府は、個別的自衛権を合憲とし、集団的自衛権を合憲ではないとする解釈を、長くとってきたのか。

◎9条と集団的自衛権

それは、こういう理由だ。

集団的自衛権とは、条約を結んだ国々が、互いを防衛し合うと約束することである。ある国（X国）が武力攻撃を受けたら、別の国（J国）は武力攻撃を受けていなくても、自国が武力攻撃を受けたと同様だとみなして、X国とともに自衛の行動をとる。他国のために、軍事行動を起こす。これが、9条にいう、「国際紛争を解決する手段」としての武力の行使にあたるだろう。9条は、これをしないと定めているのだから、憲法違反である。こういう論理だ。

＊

条文を字義どおりに解釈すると、こう言いたくなる。でもこれは、自然法の法理として、身勝手な言い分と言うべきだ。

◎9条は普遍的か

よく、9条を理想化し、世界でも進んだ考え方である、9条（戦争放棄）を国際社会の普遍的な原則として、世界に広めていくべきだと論ずる人びとがいる。

ロマン主義的と言うべきだろう。

まずこの議論は、国連憲章と合致しない。国連憲章は、集団的自衛権をみとめ、国連軍を置くと定めている。各加盟国は、それぞれの国のできる範囲で、国連の活動に協力する義務がある。軍隊があれば、国連軍に参戦しなさい、である。どこかの国が攻撃された場合に、自国が攻撃されたのと同じように、自衛のため武器をとるという考え方だ。

そしてこの議論は、多くの国家に対して、危険を強いる考え方だ。

＊

いま、ある国（ＪＪ国）が、人口百万人のミニ国家だとする。軍隊を置くとしても、千人規模だろう。この国が、９条と同じような考え方で、集団的自衛権に頼らず、個別的自衛権で国を守ろうとしたらどうなるか。

かなりの資源を、軍隊に投入しなければならない。それでも、大した軍隊は持てないだろう。自国の安全を、自国で守るのは困難だ。そんなＪＪ国に対して、そのままでいなさい、それが理想の姿です、と言うのが、「９条は普遍的」論ではないのか。

＊

世界中の国が、９条を理想とすればよいのか。

世界には、隣国ウクライナに攻め込むロシアのような国もある。核兵器を開発し恫喝を繰り返す北朝鮮のような国もある。そんなとき、ミニ国家は、集団的安全保障を選択するのが当然ではないか。

9条を理想とする国家が、世界に増えたとする。すると、武力によって国際社会の主導権を握ろうとする冒険主義の、誘惑が大きくなる。世界がヒツジになれば、オオカミの利得はどんどん大きくなる。9条ロマン主義は、国際社会でさいわい説得力がまったくないが、そのロジックは、世界の平和をかえって不安定にするものなのである。

◎日米同盟の本質

日本は、ＪＪ国ほどのミニ国家ではない。それなりの通常戦力をそなえた自衛隊をもっている。「専守防衛」で、外国から攻撃を受けてから反撃することになっている。それも、自国の領土・領海・領空のなかで戦うのだ。

では、個別的自衛権があれば、国を守れるからよいのか。

＊

戦後の日本は、自衛隊の戦力では足りないから、アメリカ軍と協力して防衛する、という考え方でやってきた。

なぜ自衛隊では、日本を守り切れないのだろう。

はじめ自衛隊は、よちよち歩きで、戦力が不十分だったからか。それもある。

自衛隊は専守防衛で、長距離爆撃機や空母打撃群（航空母艦を中心にした艦隊群）ももっていないからか。それもある。

でも、いちばん大切な点は、日本に脅威を与える国が、核兵器をもっていることだ。通常戦力をどんなに強化しても、核兵器に対抗できない。対抗するには、核兵器をもっているアメリカ軍と組むしかない。そのため日本は、アメリカとの同盟関係を唯一の選択肢としてきたのだ。

*

これは、現実的な選択である。

だが、日本国憲法（9条）との関係はどう考えればよいのか。

◎日米安保条約と9条

日米安保条約を、自衛権の観点から整理してみる。

日本側からみてみる。日本が攻撃された。自国を防衛するため、自衛隊は必要な行動をとる。個別的自衛権の発動である。

アメリカ側からみてみる。日本が攻撃された。同盟国への攻撃だ。自国が攻撃されたわけではないが、日本を防衛するため、アメリカ軍は必要な行動をとる。集団的自衛権の発動である。

日米安保条約は、日本側からみると、個別的自衛権の発動で、アメリカ側からみると、集団的自衛権の発動である。同じ条約が、みる角度によって、どちらともみえるのである。

＊

なぜそうなるか。日米安保条約が「片務的」な軍事同盟だからだ。アメリカは、日本を守る。でも日本は、アメリカを守らなくてよいのだ。

なぜ日本は、アメリカを守らなくてよいか。第一に、アメリカは強い。日本に助太刀を頼まなくても、自分で自分を守れる。核兵器も持っている。第二に、日本は島国で狭いが、アメリカは広い。海外の軍事基地もあって、世界中に展開している。日本がそれらを守るのは実際問題、無理である。第三に、日本国憲法の制約。日本政府の見解では、日本の国家組織（自衛隊）が、外国を守るため国外で活動することを、憲法は禁じている。だから、能力があったとしても、アメリカを守ることができない。

なお、政府の答弁によると、日本の基地にいるアメリカ軍が攻撃を受けた場合は、日本国が攻撃された場合と同様に、自衛隊が反撃できるという。

◎集団的自衛権についての解釈変更

従来、日本政府は、集団的自衛権の行使は憲法違反である、としてきた。

それに対して第二次安倍内閣は、二〇一四年七月、現行憲法のもとでも、集団的自衛権を限定的に行使することができる、という憲法解釈の変更を、閣議決定した。

解釈を変更したのは、日本を取り巻く安全保障環境が変化したからだという。また、集団的自衛権が行使できないと、日米同盟に差し障りがある、とアメリカが示唆してもいた。

＊

では、「限定的に」とは、どういう条件のもとでなのか。それは、
（1）日本に、または日本と密接な関係のある国に、武力攻撃が行なわれた、
（2）日本国民に明白な危険があり、集団的自衛権を行使するしかない、
（3）必要最小限の実力行使である、
ことだという。これが、集団的自衛権にもとづく武力行使の「新三要件」だとする。

この武力行使は、日本国民を守るためのもので、他国民を守るためのものではない。専守防衛を守り、先制攻撃や海外派兵は許されない、という。

＊

以上の内容なら、従来の個別的自衛権のもとでも、対応できそうに思える。だとすれば、この閣議決定のねらいは、「集団的自衛権」という言葉の頭出しではないのか。アメリカ軍と自衛隊がこれからもっと緊密に協働して、共同防衛の取り組みをもっと柔軟に進めていくために。

第4章

9条と日米安保条約

戦後ずっと、論争のテーマであり続けたのは、憲法第9条だった。

9条は「神聖」な条項として、憲法のなかで格別な意味を持っていた。護憲派の人びとは「憲法を守れ」を合言葉にした。これは、9条を守れ、という意味である。

ただ9条も、永遠のものではない。人間が決めた条文だ。そしてその目的は、日本国民の平和と安全を守ること。世界の平和と安全に資することである。

この目的のために、9条はこれからも役立つのだろうか。新しい議論が必要だ。

4・1 9条とは

安倍内閣が従来の解釈を変更し、9条のもとでも、集団的自衛権の行使は許されるとした。前章でのべたとおりだ。

9条とはそもそもどんなものか、おさらいしておこう。

◎9条の条文

日本国憲法の1条〜8条は、天皇について規定している。それに続くのが「第二章　戦争の放棄」で、つぎの9条の条文を掲げる。

《第九条　日本国民は、正義と秩序を基調とする国際平和を誠実に希求し、国権の発動たる戦争と、武力による威嚇又は武力の行使は、国際紛争を解決する手段としては、永久にこれを放棄する。

②　前項の目的を達するため、陸海空軍その他の戦力は、これを保持しない。国の交戦権は、これを認めない。》

この英語訳はちなみに、つぎのようである。

《RENUNCIATION OF WAR

Article 9.

Aspiring sincerely to an international peace based on justice and order, the Japanese people forever renounce war as a sovereign right of the nation and the threat or use of force as means of settling international disputes.

In order to accomplish the aim of the preceding paragraph, land, sea, and air forces, as well as other war potential, will never be maintained. The right of belligerency of the state will not be recognized.》

この条文を素直に読めば、
（1）日本国民は、主権の行使である戦争を永遠に放棄した、
（2）陸海空の軍隊は、置かない。交戦権は、行使しない、
である。軍隊もないし、戦争もしない。まるきりの武装解除、だ。

＊

条文は、草稿の段階でいろいろ揉まれた。そのプロセスで、自衛権まで放棄するのは行き過ぎだという議論があり、文章が手直しされた。9条のもとで、自衛権はある、と解釈する余地がうまれた。

◎9条のねらい

9条は、戦争に心底懲《こ》り懲《ご》りし、反省した日本国民に、好意的に受け入れられた。それはよい。でも日本国民が反省し、軍隊を持たず、交戦権を放棄しても、それで平和になるわけではない。ほかの国々もいるからだ。

その点、日本国憲法は、どのような見通しをもっていたのか。

＊

日本国憲法が理想とする国際社会の平和はどんなものか。まとまって書いてあるわけでは

ない。だが、すみずみまでよく読むと、いくつかの箇所が目にとまる。
ひとつは、憲法の前文である。そこに、つぎの一節がある。

《日本国民は、恒久の平和を念願し、人間相互の関係を支配する崇高な理想を深く自覚するのであつて、平和を愛する諸国民の公正と信義に信頼して、われらの安全と生存を保持しようと決意した。われらは、平和を維持し、専制と隷従、圧迫と偏狭を地上から永遠に除去しようと努めてゐる国際社会において、名誉ある地位を占めたいと思ふ。われらは、全世界の国民が、ひとしく恐怖と欠乏から免かれ、平和のうちに生存する権利を有することを確認する。》

この、**平和を愛する諸国民の公正と信義に信頼して、われらの安全と生存を保持しようと決意した**、という部分が重要である。
加藤典洋は、さまざまな証拠から、憲法9条が、国連に設けられるべき国連軍のはたらきと呼応するものと想定されていた、と論ずる。そうだった可能性もある。

＊

もうひとつは、9条の《**日本国民は、正義と秩序を基調とする国際平和を誠実に希求し**》、の部分である。前文の引用箇所に通じる、真剣な理想主義の響きがある。

◎未完の国連軍

憲法9条は、理想主義を感じさせる。国連が設立された経緯も、理想主義を感じさせる。両者が響き合っていたとしても、不思議はない。

だが、国連の理想主義はたちまち頓挫した。国連軍は組織されなかった。安全保障理事会は、いたずらな非難応酬の場となり、機能不全に陥った。国際社会の平和を、国連が責任をもって取り仕切る構図にはならなかった。

実際はその逆の、深まる冷戦と米ソの対立である。米ソの両核大国が、戦争を覚悟してにらみ合った。ただ、本当に開戦するには、核兵器の破壊力が大きすぎた。両国の軍備はふくらみ、経済の足を引っ張った。

＊

冷戦期は、戦争が起こらなかったという意味では、平和だった。でもそれは、国連のはじめの想定とはまるで違った平和だった。国連と国連軍は、主権国家よりも上位の権力で、戦争を抑止し紛争を解決する予定だった。でも、そうした上位の権力は存在できなかった。

◎国連のどこが無理だったか

国連はもともと、第二次世界大戦の連合国である。このことは、すでにのべた。

連合国は、主権国家の集まりである。中心はアメリカで、覇権国家ではあっても、主権国家より上位の権力ではない。安全保障理事会も、国家の合議機関だ。実際は、核保有国の会議だった。

＊

国際連合（United Nations）は、国際連盟（League of Nations）の失敗を反省して、主要国の合議機関（安全保障理事会）を設けた。そしてどこかに、国家を越える上位権力が生まれるのでは、という夢をみた。国際連合（United Nations）は、合衆国（United States）をなんとなくなぞっている。ステート（国家）以上のステート（上位権力）。だが実態は、十字軍と同じ、ただの寄せ集めだ。そして、十字軍と違って、それを束ねるカトリック教会も教皇もいない。

＊

主権国家であることは、国連に参加するキップである。ただ、「主権国家」という枠がそもそも、ヨーロッパのローカルな制度である。国連には、そこまでの実体がない見かけだけの「主権国家」がいくつも紛れ込んでいる。先進国から途上国まで、さまざまな不平等や対立を抱えた国際社会を、第二次世界大戦の連合国をモデルに、形だけの「同盟」の枠に押し込めようとしても無理なのだ。

国連は、「絵に描いた餅」になった。

◎理想のデッサンに絵の具を塗る

日本国憲法も、国連も、夢みた理想をもとに途中まで描いたデッサンである。それを現実に落とし込むのに、色づけが必要だった。かろうじて理想が残った、とも言えるし、限りなく現実に妥協した、とも言える。同じ9条、同じ国連が、どちらにもみえる。

＊

日本国憲法が起草された時期から、独立までおよそ六年間、さまざまな変化があった。冷戦が激しさを増し、逆コースが始まった。朝鮮戦争が起こった。国共内戦に共産党が勝利して、中華人民共和国が成立した。ソ連が核実験を成功させた。

こうした変化にともなって、9条はその意味を変えていく。理想主義にもとづく鉛筆書きのデッサンに、絵の具が塗られる。9条の条文はそのままで、現実の国際情勢を踏まえて、日本の安全保障を設計するのだ。アメリカの政権や、国防総省や国務省や、…の政府中枢の人びとが、独立後の日本のグランドデザインを描いていく。こんな具合だ。

・独立のあと、軍事同盟なしはまずい。迷子のヒツジは狼に喰われてしまう。
・日本をアメリカの勢力圏にしよう。ソ連に対抗する、同盟国にする。
・在日米軍基地をひき続き確保しよう。日米の同盟条約を結んで、確認しておく。
・日本を再軍備させる。9条の範囲の専守防衛の部隊でよい。あとは米軍がやる。
・核兵器は米軍が秘密に管理する。原子力発電の技術だけは日本に教えてやる。

・民主主義のもと、親米の保守政権が選挙で選ばれ続けるのがよい。
・日本経済の繁栄を後押しする。資本と技術を与え、アメリカ市場を開放しよう。
・石油や食糧や、資源を自由に輸入できるように、シーレーンを防衛してあげる。
・紡績、造船、鉄鋼、自動車などの、輸出産業を育てる。飛行機製造は認めない。
・日本の輸出産業が強くなりすぎ、アメリカの製造業に打撃を与えるのは困る。

こんなグランドデザインを、象徴的にまとめたのが、日米安保条約である。日米安保条約は、9条の鉛筆書きのデッサンに、絵の具を塗ったものなのだ。

こうして、戦後日本の具体的なあり方が、姿を現した。

4・2 9条と日米安保

◎9条と日米安保のカップリング

憲法9条は、日米安保と組みで、戦後日本のグランドデザインになった。

9条には、ほかの可能性もあったかもしれない。9条は、日米安保とは別な理念で描かれたスケッチだったから。

でも現実に、日本を敗戦に追い込み、日本を占領し、独立後の日本のデザインを描いたのはアメリカだった。アメリカの意図と政策ぬきに、日本の現実はない。

この意味で、9条と日米安保は、ふたつでひと組み（カップリング）である。9条の意味は日米安保を参照しないとわからないのである。

＊

9条と日米安保は、カップリングだから、見る角度によって違ってみえる。

片側から見ると、9条しかみえない。理想の平和主義である。ロマン主義である。現実とは関係なく、ひとり歩きする幽霊である。それに無理やり肉体を与えると、「非武装中立」になる。

反対側から見ると、日米安保条約しかみえない。ただの軍事同盟である。強いて言えば日本の側に、軍隊がない。軍隊とよく似た自衛隊しかない。軍事同盟を、軍隊ではないものと結ぶのは変なのだが、安全保障の政策として機能していればまあよい。

実質は軍隊なのに、軍隊ではない。9条が憲法の条文に書かれてある限り、軍隊が軍隊であってはいけない。日米安保条約の側からみれば、9条は、日本国民を「騙す」ためのおまじないである。

＊

お芝居で、ひとりの人間の半身に別々の化粧をほどこし、衣裳を着せて、ひとり二役を演じさせる、というのがある。昔、観たことがある。

片側を向くと、女性である。美貌で、ドレスに身を包んでいる。反対側を向くと、男性である。ハンサムで、スーツを着こなしている。俳優は舞台で、半身を見せつつ、女性を、また男性を演じる。半身を翻すたびに、人格が入れ替わる。観客はそれを観て、不思議な感覚を味わうのである。

9条と日米安保のカップリングは、こうした半身ずつのようである。

◎理想主義／リアリズム

9条と日米安保のカップリングは、理想主義（平和主義）とリアリズムが貼り付いたものである。ではこれは、理想主義なのかリアリズムなのか。

アメリカの当局は、そして日本政府も、これをリアリズムだと受け取る。リアリズムでないと、現実の政策を進めることはできない。

日本国民（とりわけ、護憲勢力の人びと）は、これを理想主義として受け取る。リアリズムの側面は、みないことにする。9条を汚すけがらわしいものとして、退ける。

冷戦の期間を通じて、日本の政治は、保守と革新に分断していた。その分断線は、9条と日米安保のカップリングを、どちらの側からみるかによっていた。その両方が貼り合わさったものが、日本の現実である。それをトータルにとらえるリアリズムの場所は、ついに存在できなかった。

◎日米安保条約とは

日米安保条約（あるいは単に、日米安保）は、日米安全保障条約の略称である。

日米安全保障条約は、新旧ふたつがある。最初の条約は、一九五一年に調印し、一九五二年に発効した「日本国とアメリカ合衆国との間の安全保障条約（Security Treaty Between the United States and Japan）」。二番目の条約は、一九六〇年一月に調印された「日本国とアメリカ合衆国との間の相互協力及び安全保障条約（Treaty of Mutual Cooperation and Security between Japan and the United States of America）」。同年六月に発効し、最初の条約に置き換わった。二つの条約は、内容に変更があるものの、基本的な枠組みは同じなので、あわせて日米安全保障条約とよぶ。

＊

日米安保条約（ほか、日米地位協定をはじめとする関連法令）は、日本の安全保障をめぐる日米両国の合意を、詳しく取り決めている。その条文を検討することは、意味があるだろう。ただし、そのことに気をとられすぎると、日米安保条約をアメリカからみた場合の意味が、よくみえなくなる。

◎アメリカ軍の行動の自由

アメリカ軍には、日米安保条約に束縛されない、行動の自由がある。日本側には、そうした行動の自由がない。それは、自衛隊もそのほかの組織も、政府機関で、日本国の法令や条約（ポジティブリスト）に規定されていて、そこに書かれていることしかできず、そこに書かれていないことはできないからである。

これに対してアメリカ軍は、アメリカの国外で行動する軍隊である。任務を果たすために必要なことはできる。日米安保条約に定めがなくても、自由に行動できるのである。

*

たとえば、ベトナム戦争。

南ベトナムは、南ベトナム解放民族戦線（通称、ベトコン）の活動に悩まされていた。アメリカは一九六五年から、北ベトナムの爆撃（北爆）を開始する。沖合に展開した第七艦隊の空母から飛び立った航空機が、北ベトナムの軍事目標を爆撃した。グアム基地や沖縄の米軍基地から出撃したB52も、大量の爆弾を投下した。ちなみに沖縄は当時、施政権の返還前で、日米安保条約の適用範囲外。アメリカは日本に遠慮せず、基地を自由に使えた。

日本の米軍基地は、ベトナム戦争の後方支援基地だった。第七艦隊は、横須賀や佐世保に寄港する。補給も受ける。日本で戦闘機や戦車の補修もする。王子（東京都北区）の野戦病院は、米軍の負傷兵を収容した。世界に展開する米軍は、一体となって行動する。当然のことである。

ベトナムでの米軍の軍事行動は、日本の防衛とは関係ない。日米安保条約に、なんの定めもない。だから、日本政府は口を挟めない。

＊

たとえば、核戦争。

なにかのきっかけで、核戦争になった。世界中のアメリカ軍は、行動を起こすだろう。第七艦隊の空母や原子力潜水艦も、核の使用を準備するだろう。在日米軍基地の爆撃機も同様だろう。こういう行動は、日本の防衛には必ずしも結びつかない。日米安保条約になんと書いてあろうと、緊急事態では緊急の行動を取る。当然である。アメリカ軍は、アメリカの国益のために任務を果たす、アメリカの軍隊なのだ。

＊

日米安保条約があるおかげで、アメリカは日本に基地を置いている。そして、その在日米軍基地を使って、日米安保条約にとらわれない、自由な軍事行動を展開できる。こうした側面は、日米安保条約の文面をながめていてもみえてこない。

◎日本防衛のための条約か

日米安保条約は、日本防衛のための条約なのか。

条約はたしかに、日本の防衛は、アメリカの義務だと定めている。改定後の日米安保条約には、こうある。

《第五条　各締約国は、日本国の施政の下にある領域における、いずれか一方に対する武力攻撃が、自国の平和及び安全を危うくするものであることを認め、自国の憲法上の規定及び手続に従つて共通の危険に対処するように行動することを宣言する。(以下略)》

簡単に言えば、日本の領域内で、日本、もしくは米軍が、武力攻撃を受けた場合、それは自国が攻撃されたことであると考えて、協力して防衛行動をとる、と約束したということである。

＊

それはよいが、在日米軍基地については、こうある。

《第六条　日本国の安全に寄与し、並びに極東における国際の平和及び安全の維持に寄与するため、アメリカ合衆国は、その陸軍、空軍及び海軍が日本国において施設及び区域を使用することを許される。》

在日米軍基地は、日本の防衛のためでもあるが、「極東における国際の平和及び安全の維持」のためでもあるとしている。

簡単に言えば、アメリカ軍の任務は、日本だけでなく、極東（朝鮮半島や台湾や、を含むだろう）の平和を守ることであり、そのために在日米軍基地を使用できる。その在日米軍基地が攻撃された場合、日本は、自国が攻撃されたとして、自衛権を行使できる。

＊

では、その場合、自衛権を行使する範囲は、日本の領域内か、その外でもよいのか。

昔は、厳密に日本の領域内と考えられていた。「専守防衛」である。

第五条には、「自国の憲法上の規定及び手続に従って」行動する、とある。憲法解釈が変わる（たとえば、集団的自衛権を認める）とか、あるいは、周辺事態法のような法整備が行なわれるとかすれば、日本の領域の外であっても、防衛のための行動をとれる、と解釈できる。

これは、日米安保条約がよいとか、わるいとかいう話ではない。その話の前提として、この条約がどういう法的な建て付けになっているか、という話だ。

◎日米安保条約の本質

まとめるなら、こういうことである。**日米安保条約は、日本を守るため「だけ」の条約ではない。**

アメリカ軍は、日本を守る。でもそのほかに、極東の平和と安全を守る、もっと大きな任務がある。日米安保条約にもとづいて日本に基地を置いている在日米軍は、日本を守る以外の活動にも、自由に従事する。それは、アメリカの主権の範囲内のこと（日本にとやかく言われない）である。

このことは、日本側からはよくみえない。日本側（自衛隊）は、日本を守るため「だけ」に行動する。自衛隊も日本政府もそう考えておしまい、だからだ。

日米安保条約で結ばれているアメリカ軍と自衛隊は、同床異夢の背中合わせなのだ。

◎なぜ「安保反対」なのか

9条の理想主義に説得力を感じる人びとは、それが日米安保条約とカップリングしていることに、失望する。これは、多くの犠牲を払い戦後の焼け跡に立った、平和の誓いに対する裏切りではないか。日本を守る防衛活動というが、要するに戦争行為ではないか。自衛隊の存在そのものが、憲法違反ではないか。

＊

9条の理想主義と日米安保条約のリアリズムが、カップリングになっている。このカップリングから、日米安保条約をひき剝がせば、戦後日本の悩ましい人格分裂を解消できる。それをめざす、さまざまな政治的主張が現れた。

その一。巻き込まれ論。

日米安保条約を結んで、アメリカと同盟すると、きっと戦争に巻き込まれる。あの戦争好きなアメリカのことだ。どこかの国と戦争になる。するとその国と、同盟国の日本とが、戦争になってしまうに違いない。

戦争に巻き込まれるのが心配なら、どこの国とも同盟を結べない。よって非武装中立。とても非現実的な議論だ。力の均衡が国際社会の現実である。力の空白は、もっとも戦争を呼び込みやすい。

冷静に考えて、世界最強の軍事大国で、核も持っているアメリカと同盟を結んでいれば、どの国も日本を攻撃するはずがない。攻撃すれば、自殺行為。これほど安全なことはない。巻き込まれ論が見当違いな議論だったのは明らかだろう。

＊

その二。安保反対。

日米安保条約は、日本を守るためだという。しかしアメリカは、日本に基地があるのをいいことに、好き勝手に行動するつもりだ。資本主義で帝国主義のアメリカは、世界人民の敵である。まず日本が、日米安保条約を廃棄することが、アメリカの野望を砕き、世界の平和にプラスになる。いまこそ起《た》ち上がって、安保条約に反対すべきだ。

安保反対は、反米ナショナリズムのスローガンだ。それは、安保条約の相手であるアメリカに反対しつつ、アメリカと同盟関係を結ぶ保守政権に反対している。でも、アメリカや保守政権と縁を切ったあと、どういう具体的な展望があるかというと、何もない。

＊

その三。原水爆実験反対。

核戦争の危険が迫っている。米ソの大国は、原水爆の実験をし、死の灰（放射性降下物）を降らしている。核兵器があるから、核戦争になる。核実験がいけない。すべての核実験に反対し、核兵器の廃絶を求め、平和な世界をつくろう。

核実験、核兵器に反対しよう。広島、長崎の惨禍を忘れないようにしよう。そう言えば、日米安保条約を結んでいる相手の、アメリカは核大国ではないか。だから原水爆に反対すれば、アメリカに反対し、日米安保条約に反対することになる。

一九五二年の独立まで、日本はアメリカの占領下にあった。アメリカを直接、間接に批判するような運動は、できなかった。原水爆禁止の運動が高まったのは、一九六五年だ。

＊

その四。ベトナム戦争反対。

アメリカがベトナムで戦争を始めた。罪のない人民を苦しめる不正義な戦争だ。資本主義陣営と社会主義陣営の、代理戦争でもある。正式な戦争の手続きによっておらず、大統領の命令によって、多くの若者が戦場に送られている。大義のない不正義の戦争に反対しよう。世界の若者は連帯して立ち上がろう。べ平連（ベトナムに平和を！市民連合）や、多くの学生団体が、運動に加わった。

日米安保条約は、ベトナム戦争を後方で支える、戦争協力のメカニズムだ。だから、反対だ。日米安保条約を支持する保守政権にも、反対だ。ベトナム戦争は、アメリカと日本の資本主義の醜い本性があぶり出された出来事なのだ。

＊

日米安保条約はこのように、大変評判が悪かった。けれども、戦後日本の経済的繁栄を支えていたのも、日米安保条約だった。

人びとはこれを、「日米安保体制」と呼ぶようになった。

◎日米安保再定義

いま、日米安保条約に反対する世論は低調だ。

人びとは、9条と日米安保条約のカップリングに慣れてきた。それは現実である。9条の理想主義に魅力を感じない。9条を日米安保条約と切り離し、「純粋」にすることが大事だとも思わない。

それと並行して、安保の再定義も進んだ。日米安保条約は、ソ連ではなく、中国の脅威に対抗するものになった。北朝鮮の脅威も、身近に感じられる。脅威があるなら、日米同盟がプラスになるのは明らかだ。人びとの認識は変わったのである。

冷戦の時代、米ソの核戦力は、がっぷり四つで均衡していた。対立は、イデオロギーのぶつかりあいで、核兵器の破壊力は巨大で、国際社会は自由主義圏と社会主義圏で二分されていた。力の均衡で、結果的に、平和が実現していた。この平和を、どう解釈することもできた。日本人が戦争を反省し、新憲法と9条を守ったから、平和が実現した。核兵器がなければ、日米安保条約がなければなおよかった。そう考えてすますことができた。

*

しかし東アジアの軍事情勢は流動化している。北朝鮮は、九〇年代に入ってから冒険的な道を歩みはじめ、その脅威は誰の目にも明らかだ。中国は、文化大革命に区切りをつけ改革開放に舵を切ると、天安門事件(一九八九年六月)をひき起こした。権威主義的な体制のもと、圧倒的な軍事力をもつに至った。冷戦時代の枠組みに収まらない複雑な力学だ。9条で平和でした、日米安保条約は邪魔です、という説明は説得力を失った。「対米追随」とみえても、日米協力を深めていくのが現実的な選択だ、という理解が一般的になった。社会党は「自・社・さ」連立政権に加わり、従来の路線をひっこめ、そして解体した。

安保再定義は、こうした情勢の変化にあわせて、日米安保条約を位置づけ直す。

*

では、戦後日本で、核をめぐる議論はどう推移してきたのか。整理してみたい。

第5章

非核三原則

「非核三原則」は、憲法の条文でも、条約でも法律でもない。政府の「政策」である。現在も、この国を縛っている。

非核三原則という「政策」は、誰がいつ唱えたものか。なぜ、広く受け入れられてきたのか。今後、変更される可能性があるのか。これらの点を考えてみよう。

5・1 非核三原則とは何か

◎中国の核実験

中国が、原爆の核実験を成功させた。一九六四年のことだ。

中国と台湾（中華民国）は、海峡を挟んでにらみ合っていた。どちらも、武力による統一を唱えていた。中国が核保有国となることは、東アジアの軍事バランスを揺るがす出来事だった。

＊

日本政府が心配したのは、万一核攻撃された場合に、アメリカが核兵器で反撃してくれるのか、だった。

日米安保条約によると、アメリカは、日本を防衛する義務がある。中国とアメリカは、通常戦力に大きな差がある。航空機や軍艦で攻撃されても、問題なく反撃できる。日本の安全に問題はない。

だが、核攻撃だと話が違う。日米安保条約は、核攻撃されたら「核兵器で反撃する」とは書いてない。形ばかり、通常兵器で反撃しても、何の慰めにもならない。日本の安全は守れるのか。

日本政府は、アメリカから、「核兵器で反撃する」と確約がほしかった。「核の傘」に守られていると、はっきりさせたかった。

◎佐藤首相の核武装発言

一九六四年一二月、佐藤栄作首相は、E・ライシャワー駐日大使に対して、「誰かが核をもてば、自分も核を持つのは当然だ」みたいなことを話した。ホワイトハウスに伝わるはずだ。軽くジャブを繰り出したのだ。

これを受けて翌年、ジョンソン米大統領と佐藤首相とが会談した。共同声明では、「外部からのいかなる武力攻撃に対しても」日本を防衛するという、アメリカの義務を確認した。「いかなる」武力攻撃に対しても、だから、核攻撃も含む。それを防衛する。核の傘があるから安心ですよ、である。だから核武装はしないでね。

日本政府はひと安心した。

◎核カードを持っておく

佐藤首相は、六〇年代後半、日本の核武装の可能性を、研究していたふしがある。佐藤首相は、学者らブレーンのグループをつくって、日本の核武装を、さまざまな角度から研究させた。結論は、アメリカや周辺諸国の反応を考えると、プラスよりマイナスが大きい、だった。学者グループに研究させたのは、あまり本気でなかったということだ。

＊

岸首相も、歴代の政権の要人も、日本の核武装の可能性をほのめかすことがあった。たとえば、大型の核兵器はともかく、小型の戦術核兵器なら、自衛権の範囲内だから、いまの憲法のもとで禁じられていない、とか。状況が切迫すれば、わが国も核兵器を保有することは考えられる、とか。

これは、本気で核を保有するつもりだ、というよりも、どこかの国に対して、核の可能性もあるのだぞ、とサインを送っているのだ。それなりの圧力にはなる。

◎非核三原則の登場

そんななか、小笠原諸島の返還が決まった。一九六七年一二月の国会予算委員会で、佐藤首相は、小笠原諸島にふたたび核が持ち込まれるおそれはないのか、との社会党の質問に対して、日本は「核兵器を持たず、作らず、持ち込ませず」の非核三原則を主張する、と答弁した。以後、「非核三原則」という言葉が定着した。

ほぼ同じ内容を、この数日前、公明党の竹入委員長が国会で質問している。質問の段取りが、打ち合わせ済みだったのかもしれない。

核兵器を「持たず、作らず、持ち込ませず」を、非核三原則という。なお「持ち込ませず」は、「持ち込まさず」という場合もある。

＊

三つの原則のうち「作らず」は、核拡散防止条約が禁じてもいる。日本はこの条約に加盟調印し（一九七〇年）、批准もした（一九七六年）。条約上、核兵器を製造することは違法である。

核拡散防止条約については、章を改めてのべる。

「持たず」は、誰かが製造した核兵器をわけてもらう場合を含む。「持ち込ませず」は、自国の領域内に誰かが、艦船や航空機などによって、核兵器を持ち込む場合をいう。

◎沖縄返還交渉

佐藤政権は、小笠原、そして沖縄の返還交渉を進めていた。どちらもアメリカの施政権下で、核兵器が置かれていた。核兵器をどうするか。返還交渉のテーマのひとつだった。

核兵器の所在について、アメリカ軍は一貫して、だんまり戦術を決め込んでくる。軍事機密なので、あるともないとも言わない。あるかどうかわからないのに、持ち去ってくれと交渉するのはむずかしい。世論も、核撤去を争点にしにくかった。政府にはぐらかされることが目にみえていた。

＊

佐藤首相は、返還交渉で、そうとう苦労したようである。最終的には、沖縄から核兵器を撤去する交渉に成功し、「核ぬき、本土並み」の返還が実現した。

佐藤首相は、非核三原則と、話し合いによる沖縄返還が評価されて、ノーベル平和賞を受賞した。

＊

沖縄の駐留米軍と核兵器が、目の上のタンコブだった中国にとって、これは朗報だった。立場の違いはともかく、中国も評価したに違いない。

◎「持ち込ませず」の矛盾

核兵器の「作らず」「持たず」はともかく、「持ち込ませず」は、日米安保条約と明らかに齟齬がある。

日米安保条約は、日本の米軍基地にアメリカ軍が駐留し、そこを根拠地に、日本を防衛する。そして、アメリカの国策と国益にもとづいて、国際社会の平和と安全を確保する活動を行なう、というものである。アメリカ軍は、まずアメリカの政府機関だ。そのうえで、日本を防衛し、世界の平和と安全を守る、という任務に従事するのだ。

＊

世界の平和と安全は、核戦力がなければ守れない！

大事なことなので、はっきりのべておこう。**アメリカ軍は核戦力と一体になって、世界の平和と安全を守っている。**

ゆえに、アメリカ軍は核兵器を配備しており、艦船や航空機など前線の部隊にも配備している。アメリカ軍の戦力は、核兵器と一体のものなのだ。

そもそも日本は、アメリカの核戦力をあてにし、核の傘を頼っている。佐藤首相とジョンソン大統領との共同声明でも、このことは確認されている。

だから、日本に駐留するアメリカ軍が、核兵器を持っていても当然なのだ。そういう当たり前のアメリカ軍のあり方を、日本の都合で、「じゃあいまだけ、核兵器なしでお願いします」なんて、できない相談だ。

◎沖縄はほんとうに核ぬきか

こう考えると、沖縄の米軍基地から、実際に核兵器が撤去されたのか、疑問になる。軍事常識から言えば、ありえない。

だがそれでは、日本政府は困る。非核三原則を、国会で胸を張って答弁した佐藤政権の立場がなくなる。さんざん交渉して、少なくとも核兵器の一部を、沖縄から撤去させたのだろう。でも、全部運び出したろうか。

嘉手納基地には、長距離爆撃機がいる。いざとなれば、核を積んで出撃する。その核を沖縄からなくしてしまえば、出撃するのに、グアム基地から運んでこなければならない。そんなことでは、実戦に間に合わない。

だから実際は、必要な核兵器はとっておき、撤去できるものだけ撤去した。日本側は、それ以上追及しなかった。そして国民には、「核ぬきです」と説明したのではなかろうか。

◎非核三原則は国是

「核ぬき、本土並み」の沖縄返還を、国民は歓迎した。それからも歴代政権は、非核三原則を繰り返し、野党も支持した。非核三原則は「国是」だとまで言われた。

けれども**非核三原則は、日本を、核と無縁の「聖域」だと思い込み、現実から目を背ける幻想そのもの**なのである。

＊

在日米軍基地に、核兵器が置いてあるかどうかはおくとして、アメリカの原子力空母や原子力潜水艦は、たびたび日本の基地に入港している。それらは、核兵器を積んでいないのだろうか。

積んでいるに、決まっている。

けれども、日本政府は、積んでいないと言う。だから、「持ち込ませず」は守られています、というわけだ。

◎事前協議というトリック

なぜ、持ち込んでいないと言えるのか。その仕掛けは、こうである。

そもそも日本政府は、核兵器を持ち込ませないことを方針としてきた。岸首相は、核兵器を装備した原子力部隊を日本に駐留させる申し出があっても断る、と明言した。

岸政権下での交換公文で、日本に核を持ち込む場合には事前協議が必要、とされている。事前協議の申し入れは、いままでなかった。だから、核は持ち込まれていません。——これが、歴代政権の説明である。

事前協議がなかったから、核の持ち込みはなかった。少しおかしくないだろうか。

＊

たとえて言うと、こんな感じだ。

校内でタバコを吸っている不良の生徒グループがいる。そこで、生活指導の教諭が約束させる。タバコを吸いたくなったら、いつでも言いに来なさい。喫煙室もあるから。もちろん言いに来たら、タバコを取り上げるのだ。しばらく経って、校長が聞く。生徒はタバコを吸っているのかね？　生活指導の教諭は答える。吸っていません。誰も吸いたいと私に言いに来ませんから。

こんな説明で、誰が納得するだろう。体育館の裏は吸殻だらけなのだ。

◎密約だらけ

その後、関係者の証言や公文書の発掘によって、核の持ち込みをめぐって、さまざまな密約や了解があったことが明らかになっている。

・緊急の場合、米軍は沖縄に核兵器を持ち込むことができると、日本側は認める。

・アメリカ側は、核兵器の「持ち込み」は部隊に配備することで、単なる核兵器の輸送は「持ち込み」に当たらないとする。日本側は、どちらも持ち込みと考える。こうした喰い違いがあることを日本側は認識しながら、それ以上ことを荒立てなかった。

・一九九一年、ブッシュ大統領（父）は冷戦の終了にともない、艦船や地上部隊から戦術核を撤去するように、と命じた。つまり、それ以前は戦術核が配備されていたことになるが、日本側はそれにほっかむりした。

非核三原則に関する政府の説明は、国民をあざむくものだったのではないか。

＊

こうした追及を受けて、安倍首相は二〇一四年に予算委員会で、**政府が核の持ち込みを否定し続けてきたのは誤りだった、**と認めた。

非核三原則は、国会の議決もあって、「国是」とされてきたが、少なくとも「持ち込ませず」に関しては、ただの絵空事だったことが、今日明らかになっている。

◎武器輸出三原則

非核三原則と並んで、「武器輸出三原則」というものがある。

武器輸出三原則とは、かつて日本政府がとっていた政策のこと。必ずしも法律になっているわけではない。

もともと政府は、共産圏への武器輸出を、ココムの規定にもとづき承認していなかった。また紛争当事国への武器輸出も、認めていなかった。

佐藤首相は一九六七年四月の衆院決算委員会での答弁で、いわゆる武器輸出三原則を打ち出した。すなわち、

・共産圏諸国向けの武器輸出

・国連決議で武器輸出が禁止されている国向けの武器輸出
・紛争当事国や、そのおそれのある国向けの武器輸出
を原則禁止するというものである。

＊

その後この三原則は、厳しくなったりゆるめられたりしながら、見直しが進められた。安倍内閣は二〇一四年に、武器輸出三原則を「防衛装備移転三原則」で置き換えることを決めている。

◎領海問題

「持ち込ませず」で問題になるのは、領海の範囲である。

その昔、政府は、領海を海岸から三海里（約五・六キロ）としていた。その後、国際的な議論の流れに合わせて、一九七七年に領海法を制定し、一二海里とした。

ところで一二海里とすると、津軽海峡、対馬海峡などが、完全に日本の領海となってしまう。これらの海峡は、国際海峡として、外国船の自由航行が認められている。それらの外国船が軍艦で、核兵器を搭載していた場合、日本の領海を通過するのだから、日本に核兵器を「持ち込んだ」ことになるのではないか。

そこで領海法は、国際海峡に限っては、変則的に海岸から三海里とし、外国船が航行して

も日本の領海には入らないのだ、ということにした。

非核三原則が破られていませんよ、と国民に説明するためだけの、姑息な小細工と言うべきである。

＊

ではどうすればよいか。

まず、「持ち込ませず」の原則など絵空事であると腹をくくり、国民にそのことを説明しなければならない。国民が納得すれば、領海を全部一二海里にする。核兵器を搭載した外国の軍艦が通過しようが、無害通航である限り、わが国の平和と安全にはなんの問題もない。平和を願うわが国の政策にも影響ない。わざわざ領海を、三海里に縮めれば、海峡に日本の主権が及ばなくなって、かえって安全保障上問題であろう。

もしどうしても、非核三原則を外国の軍艦にも要求したければ、領海を一二海里としたうえで、海峡を通過する潜水艦は、浮上して国籍を明らかにして通航するよう、要求する。そして、核兵器を搭載している場合は、通航を認めない、と通告すればよい。実際には、潜水艦は潜水したまま航行するだろうが、それは彼らの問題である。空母そのほかの艦艇は、通告に答えず航行するだろうが、それは彼らの問題である。このように要求し続けるなら、非核三原則の政策を、国際社会に発信できるだろう。

このほうが、現状よりよほどましだと思うが、どうだろうか。

5・2 なぜ非核三原則なのか

◎拒否反応の正体

政府は、非核三原則を掲げた。それははじめから、守れるはずのないものだった。政府をそれを承知のうえで、核兵器を「持ち込ませず」と、国民に説明をした。

なぜ政府は、嘘の説明をして、国民を欺いたのだろうか。

それは、核に対する日本国民の、特殊な感情を刺戟したくなかったからだろう。

この感情は、「核アレルギー」といわれてきた。

＊

日本は、「唯一の被爆国」だという。

日本は、敗戦国である。さまざまな苦難をなめた。死者の人数だけで言えば、広島、長崎で被爆した死者より、ずっと多くの軍人や民間人が死んでいる。ソ連のような戦勝国であっても、日本の一〇倍近い死者を出している国もある。中国の犠牲も大きかった。虐殺された何百万人のユダヤ人のように、筆舌に尽くしがたい苦難に見舞われた人びともいる。

原爆の死者は、どこが特別なのか。

これはなかなかむずかしい問題だ。戦場で戦死したとか、空襲で焼け死んだとかいうのとは違う、特別な死である気がする。だがそのことを、口で言おうとするとむずかしい。どんな死も無念な死である。どんな死も、同様に悲惨である。そういう言い方にも理屈があるとも思う。

＊

そのうえで、核兵器による死のどこが、ほかの死と違って特別なのか、考えてみよう。

◎核兵器による死

広島や長崎の被爆者が、ただの戦死者や戦争の犠牲者と違って、特別だとすれば、それは核戦争による死者であることだ。

＊

戦争で生き残った者も死者の子孫も、亡くなった人びとの、誰の死が有意義で誰の死が無意味だったとか、誰の死が誰の死よりずっと悲惨だったとか、比べたり意味づけたりできない。すべきでもない。一人ひとりの生と死は、同じように重いからだ。

それでも、広島や長崎で亡くなった人びとは、特別である。

それはその人びとが、核兵器によって殺害され亡くなったからだ。広島や長崎の死者は、人類の代表として命を落としたのである。そのことを、生き残った人びとが知り、記憶し、参照する。そうする限りで人類は、核戦争を避けようという強い動機を受け取る。その強さは、決して十分ではないかもしれないし、また人によるだろう。それでも、核戦争は避けるべきものとして、人びとの心に刻まれる。それは人類の、共有の記憶であり、資産なのである。

自分もその場にいれば、広島や長崎で犠牲になった人びとのように犠牲になった。広島や長崎の人びとの犠牲は、将来に起こりうるすべての核戦争の、被害のありさまを予告しているのである。

◎核抑止力とは

核爆弾の破壊力は、強烈である。核兵器は、脅威である。大きすぎる破壊力は、人びとの想像力を超えている。広島や長崎の犠牲者は、その大きすぎる破壊と被害に、人間サイズのイメージを与えることができている。

核兵器の脅威は、このイメージによって、核抑止力に転化していく。**核抑止力とは、核攻撃を回避しようという、人びとの強い心性であり、態度のことである。**

互いに核抑止力が働くこと。これは、各国の核戦略の前提であり、その一部でもある。広島や長崎の惨状が広く知られることは、核兵器の政治力を増して、各国の核戦略を機能させる、という皮肉な側面がある。

＊

こうした核兵器に対する警戒感や恐怖感は、しかし、「核アレルギー」と言われるものとは少し異なる。どちらも、核をマイナスの価値としてとらえはする。しかし、核抑止力を成り立たせる警戒感は、核兵器の実態をみつめ、正しく恐れるというリアリズムの方向に向かう。それに対して、核アレルギーは、核を意識にのぼらせることを避ける。核兵器の実態をみつめるリアリズムに背を向ける。核を忘れ、核と無関係に生きたい、という夢想をふくらませる。

◎「核アレルギー」という屈折

どうして戦後日本に、そして戦後日本だけに、核アレルギーが拡がったのか。

核アレルギーは、単なる核兵器に対する恐怖や嫌悪ではない。そのなかに、屈折を隠している。

＊

日本は、アメリカと戦って敗れた。日本は正しく、また神の国だから、敗れないはずだった。でも敗れた。アメリカが、強かったから。そして、原爆を落としたからだ。

では、原爆を落とすことは、正しいことなのか。

かりに、なにかの間違いで、先に日本が原爆を開発していれば、間違いなくアメリカに対して原爆を投下していたろう。そして、敗戦を防ごうとしたろう。

日本は当時、さまざまな新兵器の開発を試みた。アメリカ本土を空襲できる大型の爆撃機「富嶽《ふがく》」。ロケット／ジェットエンジンで敵艦に突入する特攻機「桜花」。原爆の製造も計画したが、実現にはほど遠かった。

もしも資金や人員が整って、技術的なメドも立ち、原爆が完成したら、投下をためらう理由は、日本軍にも日本政府にも、なかったろう。

こういう考えだとしたら、アメリカが先に原爆を開発して日本に投下しても、それを倫理的に責めることはできない。

＊

ただそれにしても、核兵器はひどすぎる。同胞がひどい目に遭った。そこまでの目に遭ういわれはない。それでも、これは戦争の惨禍であり、戦争を始め、戦争を支持し、戦争に従事した自分たちの罪である。批判と反省の矛先は、アメリカではなく自分自身に向かう。

しかし、それだけでは終わらない。日本は、戦勝国アメリカに占領された。アメリカは言う。戦争をした日本は間違っていた。民主主義の平和国家になりなさい。独立したら、アメリカが守ってあげよう。そのアメリカは、核保有国である。日本の人びとは、アメリカの核兵器によって守られている。いまわしい核戦争の可能性と背中合わせに、この平和がある。この平和を享受する自分たちが、戦争を批判し戦争を反省する資格があるのだろうか。

それだけにとどまらない。大日本帝国は奇怪な皇国主義の観念に、国民をまきこみ、戦争を始めた。アメリカはそれに応戦し、日本軍を圧倒した。とどめに原爆を落とした。アメリカが日本と戦って勝利したからこそ、戦後の平和があるのではないか。原爆投下がこの戦争の不可欠の一部だとしたら、原爆のおかげで平和に生きる戦後の日本人が、原爆を批判し否定するとはどういうことか。

＊

原爆投下や核兵器に反対するのは、このように、簡単な理屈ではない。戦争の当事者でない第三者は、原爆の投下や核兵器に、ストレートに反対できる。人道的に許されない、と批判するだけでよい。アメリカの人びとは、正しい戦争だという認識と人道の観点とが交錯し、少し複雑になる。日本の人びとは、もっと多くの観点が交錯する。どんな議論も、かならず逆側の切り返しに足をとられてしまう。

核に対して態度をはっきりさせたいのに、はっきりさせられない。核について考えようとすると、自分の足元が掘り崩され、自分の存在が揺らいでしまう。それを避けようと、核の話題について、過敏になる。これが、「核アレルギー」の正体ではないか。

◎「核アレルギー」と世論

核アレルギーは、特定の価値観ではない。特定の政治的態度でもない。**核のことをうまく考えられないという屈折であり、その話題を避けようとする過敏な態度である。**それが国民のあいだに、空気のように拡がっている。

「核」には、マイナスのイメージがつきまとう。

核の「平和利用」を掲げて、プラスのイメージに転換しようという試みもあった。けれども、それは「原発」や「放射能もれ」や「事故」のイメージにつきまとわれ、マイナスを脱するには至らなかった。

＊

政治は、世論を配慮する。核という敏感な話題で、世論を敵に回してはならない。

米軍基地に、核兵器が置かれている。寄港する艦船に、核兵器が積まれている。日本の平和を、核兵器が守っている。でもその核兵器は、日本国内には「存在しない」ことになっている。「持ち込ませず」の非核三原則である。国民を核から遠ざけ、核に汚染されていない無垢（イノセンス）な場所に置いておく。国民を子ども扱いしている。

だから、安全保障と核兵器の真実から目を背けさせる、密約がいくつも交わされる。

＊

では政治は、真実を踏まえた、老獪《ろうかい》なリアリズムなのか。

そうは行くまい。真実を、公然と語ることができないからだ。国会で、非核三原則を繰り返す。密約にはほおかむりする。マスメディアでも、世論でも、核アレルギーに配慮した当たり障りのない言葉が交わされる。公開の言論で鍛えられない政治家は、リアリズムに徹底することがむずかしい。密約や党内派閥の力学で、こそこそ政治を動かすことしかできなくなっているからだ。

◎国家機密とどう違う

密約は、いけないことなのか。

国家には、公開できない機密がある。政権の首脳も、外交当局や軍の幹部も、職業的な秘密をわけもっている。いろいろな理由で、すぐには国民に公表できない。

非核三原則をめぐる「嘘」は、国家機密とは異なる。単に国民を欺いているだけだ。

＊

アメリカ軍が各地の部隊に核兵器を配備していると、国民はうすうす気がついていた。原子力潜水艦も寄港する。沖縄も返還される。日本に核が持ち込まれていることを承知のうえで、国民の不安を当面なだめるため、非核三原則の「持ち込ませず」を約束してみせた。そのあとも、歴代政権はそれを繰り返し、日本が核と無関係であるかのような幻想をふりまいた。核アレルギーを刺戟しないようにした。核と平和の現実をみつめ、地に足のついた議論をしようと、国民に呼びかけることをしなかった。政府が国民を騙《だま》したのだ。

◎「持ち込ませず」と縁を切ろう

政府に非があるとしても、国民にもやることがある。

核への拒否反応と向き合おう。核にマイナス・イメージをふりまく、マスメディアの論調と決別しよう。非核三原則と縁を切ろう。政府は、そんな原則が可能だと思っておらず、原則を守るつもりもなかった。核兵器は、そこにもここにもあって、戦後日本の平和の、縁の下の力持ちになっている。その現実に目を向けよう。

核兵器が「持ち込まれた」と、パニックになる必要はない。

＊

核兵器の廃絶が、崇高で手のとどく目標だと考えるのもやめたほうがいい。空想的すぎる目標だ。

むしろ、**目標とすべきなのは、核戦争を起こさないことである。**

核戦争を起こさないこと。これは、現実的な目標だ。そして、努力しないと、実現できない目標だ。**核戦争の危険は、**いつでもある。そして、**すぐそこに迫っている。**その可能性は、少しずつ高まっている。

核戦争がどれほど悲惨で壊滅的か、日本人は知っている。よく知っている。でも、それだけで、核戦争が回避できるわけではない。核戦争が起こるメカニズムをよく研究し、人びとが賢明に行動する必要がある。それを、日本国民の目標としようではないか。

＊

本章に続く各章では、国際社会のなかでの核兵器、そして、東アジアのパワー・バランスについて考えよう。

第6章
核拡散防止条約（NPT）

核兵器をなくそう、という考え方には、いく通りかある。

・核軍縮

・核拡散防止

・核廃絶

核軍縮は、核保有国同士が交渉して、互いの核兵器の数量を減らすこと。戦略兵器制限交渉（SALT）、中距離核戦力（INF）全廃条約、などがある。

核拡散防止は、核保有国が新しくこれ以上増えないようにすること。

核廃絶は、すべての核兵器をなくすこと。

これらはそれぞれ、まったく違ったものであることに注意しよう。

＊

この章ではこのうち、核拡散防止条約（NPT）と、なおも深まる核の脅威について考えてみたい。

6・1　核拡散防止条約とは何か

◎核拡散防止条約（NPT）

「核兵器の不拡散に関する条約」（Treaty on the Non-Proliferation of Nuclear Weapons、ＮＰＴ）**は、アメリカ、ロシア、イギリス、フランス、中国の五カ国を「核兵器国」とし、それ以外の国々の核保有を禁止する条約である。** 核兵器不拡散条約、核拡散防止条約、核不拡散条約、などともいう。

核兵器製造の技術が拡散し、核保有国が増えると、それだけ核戦争の可能性が高まる。これを憂慮した国々や団体の働きかけにより、一九六八年六月に国連で採択され、同年七月に、五六カ国によって調印された。一九七〇年三月に発効している。二五年の期限つきだった。一九九五年には、無期限の延長が議決されている。締約国は二〇二一年五月現在で一九一カ国・地域である。

ちなみに日本は、一九七〇年二月に署名し、一九七六年六月に批准している。インド、パキスタン、イスラエル、南スーダンは、加盟していない。

＊

この条約は、すべての国連加盟国を、核兵器国／それ以外の国々、の二種類のカテゴリーに分ける。核兵器国でない国は、核を保有してはいけません。言い換えれば、核兵器国は核を保有したままでよろしい。核兵器国が核兵器を保有することは、既得権として、承認している。この点から言えば、不公平な条約だ。

◎条約の二重の性格

核拡散防止条約は、核を持たない多くの国々を、核を持たない状態のままにとどめる。核を持たない国は、核戦争を起こさない。それだけ、核戦争の可能性は防がれる。

この条約の定める核兵器国五カ国は、国連の常任理事国とちょうど重なっている。常任理事国は、世界の平和に責任をもっている。保有する核兵器を、もっぱらその目的のために使って下さい、という含意がある。

＊

だが、そうなのだろうか。

核兵器国にとっては、新しく核保有国が増えないほうが、都合がよい。核兵器国は、核を通じて、大きな政治力を手にしている。核拡散防止条約は現状を維持するものなので、核を保有する既得権を維持することになる。核兵器国にとっては、おいしい話だ。

核兵器国の利害に合致しているので、核拡散防止条約は強い後ろ楯をえた。核兵器国にとっては、個別に圧力をかけなくても、国連の名前と正義を背景に、核施設を査察したり制裁を加えたりすることができるのは、便利なことだ。核兵器国の個別利害と、国連の一般加盟国の利害が、一致したのである。

◎条文を読む

それでは、核拡散防止条約のなかみを検討しよう。

《第一条　…核兵器国は、核兵器…をいかなる者に対しても…移譲しないこと…を約束する。

第二条　…各非核兵器国は、核兵器…をいかなる者からも…受領しないこと、核兵器…を製造せず…取得しないこと…核兵器…の製造についていかなる援助をも…受けないことを約束する。

第三条　1　…非核兵器国は、原子力が平和的利用から核兵器…に転用されることを防止するため、…国際原子力機関憲章及び…国際原子力機関との間で…締結する協定に定められる保障措置を受諾することを約束する。

（中略）

第九条　（中略）3　…この条約の適用上、「核兵器国」とは、一九六七年一月一日前に核兵器…を製造しかつ爆発させた国をいう。》

すべての国々を、核兵器国／非核兵器国に分ける。核兵器国とは、一九六七年一月までに核兵器を開発し保有している国々（アメリカ、ロシア、イギリス、フランス、中国）のことだ。核兵器国がこの五カ国になるように、つまり中国は入れて、インドは入れないように、この

「一九六七年一月」の日付が決められている。いっぽう、非核兵器国は、原子力を平和利用する権利をもつ。ただし、国際原子力機関の査察を受ける。

以上が、この条約の骨子だ。

＊

国際原子力機関（International Atomic Energy Agency、ＩＡＥＡ）は、国際連合のもとにある、独立の機関。核拡散防止条約より早く、一九五七年に設立された。世界各国の、一〇〇〇名以上の専門家を擁している。日本は設立当初から、一三の指定理事国のひとつである。

◎何を査察するのか

では、非核兵器国の何を、国際原子力機関は査察するのか。

非核兵器国は、「原子力の平和利用」を手伝ってもらう。原子力発電所をつくってもらうのだ。つくってもらったあと、運転や管理は自国でやる。

原子力発電所の原子炉を動かしていると、燃料棒のなかに、だんだんプルトニウムが溜まってくる。これを取り出すと、原爆の材料になる。こっそり手に入れたウラニウムを濃縮する方法もある。本来、使用済みの核燃料は、国外の再処理施設に送って、新しい燃料棒につくり直してもらうべきで、怪しいふるまいをしてはならない。そこで、国際原子力機関の専門家が、定期的に非核兵器国の原子力施設を訪問し、燃料棒を数えたりして、チェックする。

国際原子力機関（ＩＡＥＡ）は、言ってみれば、下働きである。

原子力の国際的なネットワークは、核大国が押さえている。ウラン鉱石の採掘や流通。プルトニウムの管理。核燃料の製造や配布。原子炉の開発や製造、輸出、点検。核燃料の再処理。そのプロセスが、正常に行なわれているか。どこかの国がこっそり、核兵器を開発しようとしていないか。それを、国際原子力機関がチェックして回る。

＊

チェックがあるから、気をつける。チェックがないと、つい違反をしたくなるかもしれない。国際原子力機関のチェックは、たしかに「核拡散の防止」に役に立ってはいる。

◎ＮＰＴは破れ網

核拡散防止条約は、でも、限界がある。

第一に、国家を相手にする。国連加盟国で核拡散防止条約にも署名した、いちおう「やる気」のある国々だ。これからの時代、テロリストや過激派や、原理主義の団体など、通常兵器で武装しているグループで資金力のあるところが、核兵器（もしくは、核物質をまき散らすタイプの爆弾）を手に入れようとするだろう。こういうゲリラ的なグループを取り締まるのは、もともと国際原子力機関（ＩＡＥＡ）の仕事ではない。

＊

第二に、そもそもこの条約に加入していない国々がある。イスラエル、インド、パキスタン。インドとパキスタンは、核保有国である。イスラエルも、核兵器をもっていると思われる。でもこの条約に入っていないのだから、どうしようもない。

パキスタンは核をめぐる、闇のネットワークに絡んでいる。

＊

第三に、条約に加盟していても、査察を拒否する国がある。イラク、イラン、北朝鮮が査察を拒否した。北朝鮮は、脱退したりもした。北朝鮮は、核兵器の開発を終わって、本格的に配備している。脅威である。イランも、核開発がだいぶ進んでいる。

＊

このように、ある国が、本気で核兵器を持とうとすれば、止めるのはむずかしい。いったん核兵器を手にしてしまえば、それを取り上げるには、戦争するしかない。その戦争は、核戦争になる危険がある。

これまで、核兵器を保有していて、平和的に他国に移管し、丸腰になったのは、ウクライナぐらいである。ウクライナは、旧ソ連時代に多くの核兵器やミサイルが置かれていた。ソ連崩壊のあと、それをロシアに移管した。

核兵器を手放してしまうと、他国に侵攻される危険がある。この鉄則を明らかに示したのが、ロシアのウクライナ侵攻だ。

◎インドの核

インドは、中国と国境紛争を抱えていた。

その中国が、一九六四年に、原爆実験に成功した。インドはショックを受け、核開発を進めた。一九七四年に、「平和的核爆発」の実験に成功する。これは平和的な目的のもので、核武装はしない、とインドは説明した。

パキスタンは、インドが核武装に向かうのではないかと憂慮した。

インドが原爆の実験に成功するのは、一九九八年である。

◎パキスタンの核

パキスタンは、インドと国境を接し、軍事的圧力を受けている。領土紛争もある。

インドとパキスタンは、一九四七年、一九六五年、一九七一年の、三度にわたって戦火を交えている。パキスタンは劣勢を挽回するため、なんとしても核開発を進めたかった。

＊

核開発は、Ａ・Ｑ・カーン博士が中心となって進められた。毛沢東の指示で、中国からパキスタンに、核兵器の設計図、ウラニウム、遠心分離機が提供された。

一九九八年五月、インドの核実験に合わせて、パキスタンも核実験を初めて行なった。実験は五月二八日だったが、三〇日にも実験があった。このときプルトニウムが検出されたので、三〇日の核実験は、北朝鮮から頼まれて実験したのではないかといわれている。パキスタンは北朝鮮から、ミサイル「ノドン」を購入し、改良してミサイル実験をするなど、北朝鮮とつながりが深い。

パキスタンが提供を受けた核兵器の設計図は、のちにリビアでみつかっている。

＊

カーン博士はのちに、北朝鮮、イラン、リビアに核技術を提供したとして、逮捕され、事実を認めている。国際的には、核拡散のネットワークを仕切った悪名高い大物、とみられている。

◎イランの核

イランは、国内のウラン濃縮工場を、医療用と説明していた。核兵器の開発用ではないかと、アメリカは疑った。そして、重い経済制裁を課した。

二〇一五年に、アメリカをはじめ、イギリス、フランス、ドイツ、中国、ロシアの六カ国と、イランとのあいだで、核合意が結ばれた。核開発施設の規模を縮小し、査察も受け入れる。核物質の製造、蓄積そのものは続けることができる、という妥協である。

ドイツが入っているのは、イランに、核開発の技術協力を行なってきたからだ。

二〇一八年五月、トランプ大統領は、イラン核合意からの離脱を宣言した。翌年、イランからの石油輸入を禁止すると、イランは核合意の履行を停止すると宣言した。

＊

イランが核兵器を手にすると、中東のパワーバランスが大きく変化する。とくにイスラエルは、イランの核保有を容認できないだろう。イスラエルはこれまでも、イラクやシリアの核施設を空爆して、核開発の芽をつぶしてきた。ロシアや中国は、イランへのそうした攻撃は許さない、と警告している。

◎北朝鮮の核

北朝鮮は、外国のたびかさなる介入や制裁にもかかわらず、核兵器やミサイルの開発を進め、核保有国となった。大きな脅威となっている。

北朝鮮については、章を改めて論じる。

6・2 条約で核戦争は防げるのか

軍縮も、核拡散防止も、核廃絶も、条約によって核兵器を制限し、平和を実現しようという試みである。

核戦争を阻止することが、当面の人類の課題である。これは、条約によって果たすことができるのか。

◎包括的核実験禁止条約(CTBT)

「包括的核実験禁止条約」という条約の現状から、このことを考えてみよう。

この条約は英語名をComprehensive Nuclear Test Ban Treaty、略称をCTBTという。大気圏内、地中、水中、宇宙空間など、すべての核実験を禁止するもの。一九九六年九月に国連総会で採択された。日本はその直後に同条約に署名し、一九九七年七月には批准している。二〇二二年八月現在、世界一八六カ国が署名、一七四カ国が批准しているが、まだ発効していない。

*

発効しないままこの条約が棚ざらしになっているのは、発効するには、ジュネーヴ軍縮会議の構成国で原子炉をもっている四四カ国すべてが批准することが必要、ということになっているから。四四カ国が、拒否権をもっているのと同じだ。はじめから、棚ざらしが運命の条約だった。

☆署名したが、現状は、批准がまだの国

アメリカ、イスラエル、中国、イラン、エジプトの五カ国
☆まだ署名していない国
　インド、パキスタン、北朝鮮の三カ国
のようである。

＊

　条約の条文をみると、締約国は、核実験をしませんと約束し、査察を受け入れる。査察の結果、違反があると、会議に報告し、違反した国は権利停止になることがある。違反がひどい場合は、《締約国に対して国際法に適合する集団的措置を勧告することができる》（第五条3）という。みんなで制裁しましょう。効果があるのだろうか。

　実験を禁止するより、核拡散を禁止するほうが、効き目がある。北朝鮮やイランに対する制裁は、それなりに効果があるようだ。この条約（ＣＴＢＴ）が棚ざらしなのは、なくてもいい条約だからかもしれない。

◎なぜ核武装するのか

　そもそも核兵器を持つつもりのない国家は、核拡散防止条約（ＮＰＴ）だろうと、包括的核実験禁止条約（ＣＴＢＴ）だろうと、さっさと署名し批准するだろう。条約によって主権が制約されると思わないからだ。

だが、核兵器を自前で開発すると覚悟すれば、核実験をしないわけにはいかない。査察を拒んで、核拡散防止条約に違反したと言われるだろう。それでも、長い時間をかけてやりとげる。資金もかかる。経済制裁も覚悟する。それが、核開発だ。

＊

そうまでして、核兵器を開発する理由はなにか。

第一は、防衛的な動機である。

隣国と、厳しい軍事対立が続いている。その隣国が、核兵器を手にした。こちらも核兵器を手に入れないと、安全を保てない。これが、よくある動機の第一だ。中国や、インドや、パキスタンにあてはまる。北朝鮮もあてはまるかもしれない。

第二は、体制を維持することである。

独裁的な政権がある。国民には不満が溜まっている。国際的にも孤立している。八方塞がりを打開するため、核兵器を開発することにする。外国の圧力をはねのけられるうえ、政権が正当であると国民に胸を張れるだろう。中国や、北朝鮮にあてはまる。ソ連（ロシア）にもあてはまるかもしれない。

◎「核の傘」が合理的

それにしても、核開発を進めることは、国際的な摩擦が大きい。

もしも国家の安全を考えるだけであれば、核保有国と同盟を結んで、核の傘に守ってもらうのがよい。国際的な摩擦を生まず、経済的なコストも小さい。その点で、日本の選択（日米同盟）は合理的である。

＊

核の傘もまた、条約である。

西ヨーロッパは、集団的な安全保障条約を結んでいる。北大西洋条約機構（ＮＡＴＯ）である。欧州共同体（ＥＵ）のような、多くの国々の共助関係が成立しており、外部に脅威が存在する場合、こうした集団安全保障が機能しやすい。

＊

中東では、安定した安全保障の枠組みが成立せず、混沌としている。

中国とインドは、自前の核兵器をもち、自立して安全保障をはかっている。両国は、大国である。

パキスタンとイスラエルも同様に、自立した安全保障をはかっている。

＊

東アジアでは、集団的な安全保障の枠組みが成立していない。代わりに、二国間の安全保障条約がばらばらに機能している。日本とアメリカの、日米安保条約。韓国とアメリカの、米韓相互防衛条約。この条約では、戦時に韓国軍は、アメリカ軍の指揮下に入ることになっている。フィリピンとアメリカの、米比相互防衛条約。一時期フィリピンは、米軍基地の撤収を求めたが、現在は元のさやに収まっている。このように、アメリカをハブとした二国間関係の束になっている。

＊

ベトナムは独自の、全方位外交と総合安全保障政策（軍事力のみに頼らない）をとっている。台湾の安全保障は、アメリカの「台湾関係法」（Taiwan Relations Act、ＴＲＡ）が基本になっている。これは、条約ではなくて、法律である。従来の「米華相互防衛条約」が終了したので、一九七九年に制定された。台湾を防衛する軍事行動をとるかどうかは、大統領の権限で決めることで、アメリカ軍が台湾防衛を保障するものではない。台湾については、章を改めてのべる。

◎「核の傘」が揺らいでいる

東アジアのアメリカを軸とする安全保障体制が、国際情勢の変化によって動揺している。北朝鮮の核、中国の軍事的膨張と台湾海峡の緊迫、がその変化の主なものだ。西ヨーロッパのＮＡＴＯと比較してみると、東アジアの安全保障の脆さがわかる。

＊

ＮＡＴＯ（北大西洋条約機構 North Atlantic Treaty Organization）は、雷おこしのように、加

盟国ががっちり固まっている。結束がかたい。そこから離脱する誘因もないし、そこに加盟している不利益もない。むしろ加盟国は、スウェーデンやフィンランドなど、もっと増える傾向にある。

ＮＡＴＯ加盟国には、アメリカのほかにも、イギリス、フランスの核保有国が加わっている。アメリカ抜きでも、軍事同盟が成立するほどだ。かつてはワルシャワ条約機構、冷戦後はロシア、という明白な脅威があった。今回のロシア・ウクライナ戦争で、ＮＡＴＯの存在価値がはっきりした。今後何十年か、ＮＡＴＯの結束は揺るがないだろう。

＊

これに対して、東アジアは事情が異なる。まず、日本も韓国もフィリピンも、台湾も、核保有国ではない。そして、雷おこしのように固まっているのではなく、アメリカにつながっているだけである。日本〜韓国〜フィリピン〜台湾は、互いに防衛の義務がない。どれかの国が第三国から攻撃されても、アメリカが助けなければ、一人ぼっちである。

日本は周辺事態法を制定したので、韓国や台湾の有事の際には、自衛隊が出動できる。だがそれは、日本を防衛するための活動であって、韓国や台湾を防衛することが目的ではない。

日本も韓国もフィリピンも台湾も、ＮＡＴＯの国々と比べると、第三国からの攻撃に関して、ずっと脆弱である。

＊

それでも東アジアの安全保障がなんとかなっていたのは、アメリカの通常戦力が強大だったためである。日本、韓国、フィリピン、グアムなどの米軍基地を拠点に、空母打撃群や航空戦力が、有事に即応する態勢をとっている。アメリカの軍事力は突出していて、ソ連も中国もうかつに手を出せなかった。

けれどもこの一〇年、状況が根本的に変化しつつある。北朝鮮の核ミサイル、そして、中国の通常戦力の拡充が、従来の安全保障戦略の前提を、リセットしてしまったのだ。

＊

たとえば、北朝鮮のミサイル。日本に着弾したとして、日本には反撃の方法がない。アメリカ軍には、反撃の方法がある。だが、そのあとはどうか。

北朝鮮のミサイル（日本に着弾）　（a）
⇓　アメリカのミサイル（北朝鮮に着弾）　（b）
⇓　北朝鮮の核ミサイル（日本に着弾）　（c）
⇓　アメリカの核ミサイル（北朝鮮に着弾）　（d）
⇓　北朝鮮の核ミサイル（アメリカ本土に着弾）　（e）
⇓　アメリカの核ミサイル（北朝鮮の全土に着弾）　（f）

のように、エスカレートすることが考えられる。（f）はゲームセットで、北朝鮮の壊滅である。北朝鮮もこれは避けたいだろう。でもその前に、（e）で、アメリカはひどいことになっている。それを防ごうと思えば、（d）をアメリカは実行できない。（c）の攻撃を受けても、反撃できないということである。（c）を避けるには、（b）を思いとどまるしかない。ならば、（a）の攻撃を受けても、アメリカは反撃しないかもわからないのだ。

日本が、北朝鮮の通常ミサイルによって攻撃を受けても、アメリカは反撃しない。日米安保条約が機能しないということである。

＊

そこで日本政府は、敵基地に届くミサイルそのほかを、一〇兆円をかけて整備するとしている。北朝鮮のミサイルが日本に着弾した場合に、アメリカに反撃を頼れない。自分で反撃しなければならない。日本のミサイル（北朝鮮に着弾）（b2）である。その能力をもつことで、やっと、（a）を防ぐ抑止力になるのである。

いま、どういうゲームチェンジが起こりつつあるのか、おわかりいただけたろうか。

＊

これは、北朝鮮の場合。だが、台湾のほうが、もっと問題は深刻かもしれない。

台湾有事は、中国軍とアメリカ軍の問題ではない。ただちに、中国と日本との軍事衝突になる。日本は、そのための準備が、あまりにもできていない。私が本書を書かなければと思ったのは、それが理由だ。

では、以下、章を改めて、北朝鮮の問題、台湾の問題を考えてみよう。

第7章

北朝鮮の核

北朝鮮は、歴史の盲腸のような国である。外野からみていると、時代錯誤と思えるところがある。でもそれは、まぎれもなくいまの現実で、北朝鮮の人びとは真剣に彼らの社会を生きている。

北朝鮮の社会について、『こんなに困った北朝鮮』（メタローグ、二〇〇〇年）という本を書いた。結論を言えば、それはもうひとつの日本である。天皇制が、金王朝にかたちを変えて生き残った。国体の思想は、主体思想になった。アメリカと対抗して、原爆もミサイルも開発した。北朝鮮にも仁科博士や糸川博士がいるのだ。

昭和一六年の日本が、追い詰められて対米開戦を決意したように、追い詰められた北朝鮮の行動は先が読めないところがある。この章では、この困った隣人の謎を読み解こう。

7・1 なぜ、どうしても核なのか

◎後ろめたい正統性

北朝鮮はなぜ、存在するか。日本の敗戦後まもなく、金日成将軍が突然、平壌に現れた。抗日戦争の英雄、という触れ込みだ。実は、ソ連の送り込んだスパイだ。

金日成は謎の多い人物だ。満洲で、抗日パルチザンとして活動したという。けれども大した活動もせず、すぐソ連領に逃げ込んで、ソ連軍の将校になった。そしてソ連の意を受け、傀儡政権の首班として送りこまれた。

平壌には、朝鮮の指導的知識人、元日本共産党の革命家、延安帰りの中国派の活動家、などが集まっていた。金日成は彼らを順番に粛清し、権力を握った。政権を樹立してからは、自分の過去を知る仲間も粛清し、朝鮮労働党の独裁を築き上げた。

＊

金日成は革命家ということになっているが、毛沢東やレーニン、スターリンと違って、何の実績もない。嘘で固めた「白頭山神話」を広めて、天皇のように君臨した。

その息子の金正日も、そのまた息子の金正恩も、やっぱり何の正統性もない。正統性が欠けているぶん、実績をあげる必要に迫られている。

金王朝は、ほんものの天皇制とちがって、フェイクの天皇制で、その基礎は脆い。

◎冷戦の終わりが運命の分かれ目

冷戦が終わって、ソ連が解体した。東欧の社会主義諸国がつぎつぎ崩壊した。つぎは北朝鮮の番、みたいになった。特に一九九〇年代、石油などの援助物資がソ連から入らなくなったのが決定的なピンチになった。

これを北朝鮮は、引き締めの強化と、核開発で乗り越えようとした。

＊

もともと北朝鮮は、南の韓国と違って工業が発達していて、豊かだった。朝鮮を統治した日本が、北は工業、南は農業、と決めたのだ。水力発電所や炭鉱や化学工場や、社会インフラも整っていた。六〇年代まで、北朝鮮は貧乏な韓国を見下していた。

ところが韓国が、みるみる経済成長して、豊かになった。北朝鮮は工場が旧式で、スクラップ状態になった。石油化学工業がない。製鉄も貧弱だ。自動車産業もない。農業もどん底だ。次第に豊かになった中国に支えられ、なんとか持ちこたえた。

＊

38度線は、朝鮮戦争の休戦ラインで、北朝鮮はまだ戦争をしているつもりだ。でも北朝鮮軍は、戦車も戦闘機もオンボロで、韓国やアメリカと戦えば勝ち目がない。国を守るなら核兵器だ。そう決めて、ありったけの資源を核開発に投入した。国民は苦しくても我慢しなさい。もうこれで三〇年やっている。

◎やめさせる方法がない

核兵器は、費用・対・効果の点で、安上がりな戦力だ。北朝鮮は、国家と体制の存続をかけて、必死で取り組んでいる。合理的なやり方ではある。

核開発は、合理的な選択でもあり、やめさせる方法がない。やめさせるのには、相手が核兵器を開発するまえに、戦争してやめさせるしかない。

＊

一度チャンスがあった。一九九四年、北朝鮮とアメリカの間で、緊張が高まった。開戦の瀬戸際だった。カーター元大統領が特使として平壌に乗り込み、話をまとめ、ぎりぎりで戦争を回避した。いま思えば、アメリカは愚かなことをした。あのとき戦争していれば、ずっとずっと少ない犠牲で、平和を取り戻し、北朝鮮をふつうの国に生まれ変わらせることができていたはずだ。

＊

いっぽう中国は、北朝鮮が崩壊すると困ると思っている。

北朝鮮があるおかげで、中国の国境と、アメリカ軍や韓国軍とは隔てられている。米軍基地が中国の国境のすぐ近くにできたら困る。北朝鮮のやり方には迷惑もしているが、北朝鮮がなくなるのはもっと困るのだ。

そこで中国は、北朝鮮が困らない程度には、経済援助をする。でも、核開発の手助けはしない。

◎六カ国協議は時間稼ぎ

核開発には時間がかかる。核兵器が完成するまで、のらりくらり、時間稼ぎをしないといいけない。

そこで北朝鮮は、核開発をやめてもいいです、みたいなフリをする。じゃあ代わりに、原発（軽水炉）をあげよう。関係国がその段取りを話し合う、六カ国協議が開かれた。いくら話し合っても、らちがあかない。要するに、北朝鮮に騙され、手玉に取られたのだ。

◎気がつけば、核保有国

そうこうするうちに、北朝鮮は、核保有国になってしまった。
核保有国になるには、つぎのような手順を踏む必要がある。
（1）原爆の材料（濃縮ウランか、プルトニウム）を、製造するか、入手する。
（2）原爆を製造し、爆発実験を行なう。
（3）原爆を小型化し、ミサイルに積める核弾頭とする。
（4）近距離、中距離、長距離のミサイルを開発する。
（5）ミサイルを固体燃料とし、トラックから発射できるようにする。
（6）潜水艦から、ミサイルを発射できるようにする。
（7）重水素などを材料に、原爆を起爆装置にした、水爆を開発する。
これらの手順を、一歩一歩踏んでいく。かなりのスピードである。外国の技術者をスカウトして、開発チームに参加させている可能性が高い。

（5）の段階で、核保有国としては、一丁あがりである。
（6）の段階で、確実な反撃能力を手にしたことになる。
（7）まで来ると、相手国の心臓部を壊滅できる、本格的な核保有国だ。

＊

核兵器を保有していると、大きな政治的発言力が手に入る。

話し合いをしているのに、相手がピストルを手にしているのと同じで、いざとなると発砲されるかもわからない。無理難題でも、拒否できない。

◎先制攻撃できるか

ある国の核戦力を、先制攻撃によって無力化できるものだろうか。

昔、核ミサイルは、サイロといって、地下施設に発射準備をして隠してあった。その国のサイロを一斉に、核ミサイルで攻撃して全滅させればいいではないか。その国もそれを警戒して、サイロの場所を秘密にするから、全部を破壊するのは無理である。生き残ったサイロから核ミサイルで反撃して、相手国を徹底的に破壊してしまう。それができるように、人類を何回も全滅させられるだけの、大量の核兵器を用意しておく。この作戦を、「相互確証破壊」（Mutual Assured Destruction、ＭＡＤ）というのだった。

固体燃料のミサイルをトラックに載せて移動するやり方だと、場所がわからないから、先制攻撃で破壊するのはなおさらむずかしい。

＊

潜水艦発射ミサイル（SLBM）は、なおのことやっかいである。

ある国の核兵器を、先制攻撃で全滅させようとしても、核ミサイルを積んだ潜水艦は、どこにいるかわからない。先制攻撃されたら、予定どおり相手国に近づいて、水中から核ミサイルを発射する。確実に、相手国に反撃できる。だから抑止力になる（先制攻撃を防げる）のである。

＊

北朝鮮の核兵器は、先制攻撃で全滅させられる段階を通り越した。昔のソ連とアメリカの場合と同じで、核兵器を抱えてにらみあっている状態になった。どちらも手が出せない。

◎斬首作戦もある？

核兵器をもった北朝鮮を相手に、戦争も先制攻撃もできない。

そこで選択肢になるのが、暗殺である。

独裁者の暗殺は、簡単でない。独裁者は、暗殺しようと狙っている人びとに囲まれているものだ。当人がとても、警戒している。

＊

これまで暗殺は、特殊部隊が手がけてきた。

独裁者の居所を摑んで、落下傘かヘリコプターで現場近くに乗り込む。見張りの者や護衛部隊をやっつけ、独裁者の身柄にたどりつく。こんなことをしているうちに、核のボタンを押されてしまうだろう。成功する見込みが立たない。危なくて実行できない。

最近では、暗殺用の無人機がよく使われる。

二〇二二年七月三一日、アフガニスタンのカブールで、アルカイダの指導者、ザワヒリ氏をアメリカの無人機が殺害した。ベランダに出たところを、ドローンが襲ったという。詳細は不明だが、爆弾ではなく刃物で攻撃する「忍者」ミサイルによるものらしく、まき添え被害がなかった。

居場所をつきとめられ、屋外に出るチャンスが致命傷になることがわかる。

＊

平壌でパレードがあると、金正恩は顔を出す。前は、昼間行なっていた。最近は、夜間に行なうことが多い。無人機による攻撃を警戒しているのかもしれない。

特殊部隊も無人機もだめとなると、執務室のあるビルをまるごと吹き飛ばすミサイルを撃ち込むような、手荒なやり方しかない。かりに成功したとしても、独裁者の身柄を確保できる場合と違って、そのあとどういう混乱が起こるのか予測が困難である。実行がためらわれる。

◎北朝鮮の戦略目標

北朝鮮は、核保有国となることで、何を実現したいのか。

第一に、戦争しても負けなくなる。

北朝鮮軍は、弱体だ。北朝鮮軍と韓国軍が戦ったとする。北朝鮮軍が優勢となるかもしれない。そこで停戦して、有利な講和を結ぶことができるだろうか。あわよくば、南北を統一することができるか。

そうは行かない。韓国がアメリカと同盟を結んでいて、アメリカは核兵器をもっているからだ。北朝鮮は、戦争で韓国とアメリカの同盟軍に勝てないだろう。

そこで、北朝鮮は核をもつ。核兵器があれば、たとえ通常戦力で劣勢でも、韓国に負けない。アメリカが出てきても、互角にわたりあえる。屈辱的な講和条約を結ばされたり、体制が転覆されたりすることはない。

＊

北朝鮮には、中国がついている。中国は核兵器をもっている。韓国がアメリカを頼りにするように、北朝鮮も中国を頼ればよいのではないか。

そうはしないのが、北朝鮮である。ここからわかること。北朝鮮はいざという場合、中国が助けてくれると思っていない。北朝鮮と中国のあいだには、すきま風が吹いている。北朝鮮の核は、中国にうるさくあれこれ言われたくない、という意味もあるのだ。

◎体制が維持できる

第二に、核保有国になると、金王朝は安泰だ。

北朝鮮が、韓国やアメリカや、外国の軍事力に脅かされなくなると、誰も北朝鮮に口を出せない。国内の反対勢力は、がんじがらめに抑え込んである。軍や公安や秘密警察を張りめぐらしてある。政敵や危険分子は収容所にほうりこむ。物資が乏しく、人びとは政府のいうことを聞かないと生きていけない。メディアの統制も行き届いている。

こういう独裁体制の場合、政変は、軍の反乱、宮廷革命、側近による暗殺、のパターンをとる。軍には政治委員を配置し、幹部の通話を盗聴し、暗殺されないよう万全を期す。核兵器は、国の安全を守る切り札で、誰もが納得する成果だ。指導者を暗殺しようとする者にとっては、逆風だ。

◎核で豊かになる

第三に、核保有国になると、経済が改善する。

国民の生活はそっちのけで、すべての資源を核開発に集中してきた。国民は塗炭の苦しみだ。それを、西側諸国の経済制裁のせいにする。核開発が終われば、豊かになる、もう少しの我慢だ、と国民に説明する。

この説明は、あながち間違っているわけではない。

北朝鮮は、核拡散防止条約から脱退すると宣言した。原爆を開発し、核実験もした。ノドンやテポドンや、もっと新型のミサイルもじゃんじゃん打ち上げている。だから国際社会の、厳しい経済制裁を受けている。経済制裁は、北朝鮮が、核開発を進めて核保有国にならないように、かけるものだ。もう核保有国になってしまったら、制裁しても意味がない。まあ、ほかの国の手前、示しがつかないので、制裁は解けないのだが。

北朝鮮はこう宣言する。わが国は、核保有国です。核保有国として扱いなさい。まず、無駄な経済制裁を解除しなさい。いままでの敵視政策を反省し、そのお詫びに、わが国に経済協力をしなさい。

西側諸国が経済協力に応じない場合、脅しをかけてくるかもしれない。

◎日本に賠償をふっかける

まず狙われるのは、日本だ。

日本と北朝鮮のあいだには、国交がない。国交を結ぶのに、まず賠償を払え、と言うだろう。

日本は戦後、ビルマ、フィリピン、インドネシア、ベトナムの国々に、賠償をした。それ以外の国々にも、それに準じた支払いをした。戦場となって被害を与えたからだ。日本は、韓国・北朝鮮と戦争をしたわけではない。両国はサンフランシスコ講和条約に調印しておらず、賠償を請求する権利がない。

日本と韓国は一九六五年、日韓基本条約を結んだ。その際、日本は、無償三億ドル、有償二億ドルの経済援助を行なうと約束した。これは賠償に代わるもので、当時としては巨額である。

北朝鮮はもちろん、少なくともこれに相当する経済援助を求めるだろう。韓国では、数百億ドルにのぼると試算する向きがある。その程度ですめば、まだいいほうだ。

＊

北朝鮮が日本に賠償を請求し、金額が多すぎるとして、日本がそれに応じない場合、紛争になる。北朝鮮は、正当な請求に応じない日本が悪いと、軍事的に威嚇するかもしれない。原発の近くに通常弾頭のミサイルが着弾する。日本はなすすべがない。この程度のことは覚悟しておいたほうがいい。

7・2 北朝鮮の揺さぶり外交

◎北朝鮮のつぎの一手

北朝鮮は、九〇年代から続けてきた核開発プロジェクトの、最終段階にさしかかった。日本、アメリカ、韓国を、確実に攻撃できる核弾頭とミサイルを整えた。これを防げるか。日本は着弾までの時間が短く、ほぼ防げない。アメリカへのミサイルは迎撃されそうなので、多数のミサイルを同時に発射する。潜水艦がいるので、先制攻撃されても反撃できる。押しも押されもせぬ核保有国だ。

＊

そこでどうするか。まず目指すのは、アメリカとの直接交渉だ。北朝鮮の存在を認めなさい。経済制裁を解除しなさい。体制を保障しなさい。朝鮮戦争を終結させる、講和条約を結びなさい。

アメリカは、民主主義でも自由経済でもない独裁国家と、こんな交渉をしたくない。それに、人権侵害もひどい。けれども、核の脅威が取り除かれるなら、アメリカにもメリットはある。アメリカを核攻撃しないと約束できますか。その保証はなんですか。中国とロシアに証人になってもらいます。

アメリカがある日、政策を転換し、北朝鮮と交渉のテーブルについた。ニクソンと毛沢東も、突然握手したではないか。だから、ないとは言えない。アメリカの外交は、あまり先のことを考えないで、目先の思いつきで行動する傾向がある。

だれが北朝鮮経済を支援するか、の話になる。

◎戦前、戦後の賠償

北朝鮮は、核兵器があるので、韓国より上だと思っている。でも経済は、だいぶ見劣りする。南北統一の交渉をする前に、がっぽり資金をせしめなければならない。だから、アメリカのつぎに日本と交渉する。

アメリカに言われれば、日本も交渉のテーブルにつかないわけにはいかない。

北朝鮮は、外交の達人だ。脅したりすかしたり、かけひきに長けている。

一九九〇年に自民党の金丸信《かねまるしん》ら自民党訪朝団が、金日成と会談、マスゲームを観せられるなど丸め込まれた。植民地時代の賠償だけでなく「南北朝鮮分断後四五年間の補償」というとんでもない言質《げんち》を与えて帰ってきた。さいわい、政府の代表団ではなかった。しかし政権中枢の人物が口がすべって約束を与えた。北朝鮮は、きっとこれも持ち出すだろう。

北朝鮮の人びとは、過去何十年も、我慢に我慢を重ねてきた。「欲しがりません、勝つまでは」。核兵器を開発したいま、なにを我慢することがあろう。自分たちにこんなひどい生活を強いた西側世界、とくに、日帝三五年の植民地支配をした日本は、それを償う義務がある。この言い分は、北朝鮮の人びとに支持されるだろう。政府もこれを背景に、強気で交渉する。妥協は許されない。

＊

北朝鮮の要求が横暴にみえるとしても、韓国に支払ったと同様の賠償を与えるべきであるという主張には、合理性がある。唯一完了していない、戦争の後始末である。日本国民の納得もえられる。その金額は、数兆円にのぼるだろう。ウクライナ戦争を受けて日本の防衛費を一〇兆円に倍増する話が出ている。それに比べれば、まあ納得できる金額かもしれない。

◎南北統一

そのあと、北朝鮮が交渉するのは、韓国である。

北朝鮮も韓国も、朝鮮半島を統一すると言っている。ひとつの民族、ひとつの国家だとも言っている。だが互いを、正統な政府だとは認めていない。

北朝鮮は、平和的に話し合って解決するとか、連邦制だとか、考えていない。武力を使ってでも、韓国を吸収統一するのが正しい、と思っている。

韓国との交渉が、日本より後なのは、日本からまず賠償を取って、経済を立て直し、韓国との交渉を有利に進めるためだ。

北朝鮮は、韓国より優れた国だと自信をもっている。まず、朝鮮労働党の政治体制がすばらしい。それに、核兵器ももっている。これで、経済が発展すれば、韓国の人びとは喜んで北朝鮮に加わろうと思うはずだ。

外からみると、これは妄想である。でも北朝鮮は、そうは思わない。交渉が難航してもあせらず待つ。そのうち世論が変化して、北朝鮮に加わろうという声が高まるだろう。

*

では、武力統一はあるのか。

チャンスがあれば、北朝鮮はためらわないだろう。

たとえば、台湾海峡で米中が衝突し、アメリカが大きな損害を被る。アジアから手をひくべきだと、アメリカの世論が変化する。あるいは、米中の妥協が成立して、朝鮮半島は朝鮮半島の人びとの自由な意思に任せる、という合意が成立する。アメリカは朝鮮半島に、武力を行使しないということだ。日本はもちろん、朝鮮半島に干渉する意思も能力もない。北朝鮮は、ウクライナ戦争のようなことを始めるかもしれない。韓国の一部が占領できさえすれば、交渉は北朝鮮ペースで進む。

二一世紀の前半のうちに、朝鮮半島の地図が塗り変わる可能性があると思おう。

◎敵基地攻撃能力

日本は、「専守防衛」の建て前から、射程の長いミサイルや、長距離爆撃機や、空中給油機を持たないで来た。

けれども数年前から、「敵基地攻撃能力」をもつべきだ、という議論が出てきた。念頭にあるのは、北朝鮮のミサイルだ。従来の「専守防衛」にこだわっていて、自国の防衛ができるのか。

＊

議論を整理してみよう。

北朝鮮が、何かの目的をもって、日本にミサイルを発射したとする。これを防ごうと思えば、飛んでくるミサイルを迎撃するしかない。でもこれは、そう簡単ではない。パトリオット・ミサイルは、守備範囲が小さい。イージス・システムは、艦船をめがけて飛んでくる対艦ミサイルを念頭においていて、日本の領土を防衛するようにできていない。それに北朝鮮は近すぎて、そもそも迎撃するのがむずかしい。

また最近、極超音速ミサイルが開発されて、精密誘導なのに着弾前に進路をくねらせ、ますます迎撃がむずかしくなった。多数のミサイルが同時に発射された場合も、撃ち漏らしが出るだろう。そのほか、迎撃をかわす技術がいろいろある。

要するに、ミサイルを発射されてしまえば、完全に防ぐ手立てがないということだ。

そこで、反撃能力をそなえて、相手国のミサイル攻撃を抑止できないか。

相手国がわが国に届くミサイルを持つのなら、わが国も相手国に届くミサイルを持つ。かねて「敵基地攻撃能力」とよんでいたが、ぶっそうだというので、「反撃能力」にしようと自民党は提案している。

＊

日本政府は、長射程巡航ミサイル一〇〇〇発を保有することを、検討している。ウクライナ戦争を踏まえ、東アジアの戦力バランスを是正するためである。中国を念頭においたものだが、北朝鮮への抑止力にもなる。

なお、「長射程」というのは、従来のミサイルより射程が長いといういみで、ミサイルの分類では「中距離」ミサイルにあたる。自衛隊も米軍もこの射程のミサイルを保有していない。米軍が中距離ミサイルをもたないのは、一九八七年に「中距離核戦力（ＩＮＦ）全廃条約」をソ連と結んだから。以来、二〇一九年に失効するまで、この種のミサイルを保有できなかった。この間隙をついて、中国と北朝鮮は、大量の中距離ミサイルを配備している。

◎反撃能力は、抑止力になるか

北朝鮮が、なんらかの意図のもと、日本にミサイルを発射したとする。

反撃能力がなければ、日本はなすすべがない。撃ち落とせなければ、飛んで来て目標に命中する。通常弾頭なら、それなりの被害が出る。核弾頭なら、大変なことになる。

反撃するとすれば、アメリカ軍である。中距離ミサイルがなくても、ステルス戦闘機によるミサイル攻撃や、長距離巡航ミサイルが使用できる。（理屈を言えば、アメリカは日本を防衛する義務はあるが、反撃する義務はない。）

アメリカが反撃すると、北朝鮮は、グアム島の米軍基地や、在日米軍基地を攻撃するかもしれない。どこまでもエスカレートしそうだ。そこで、ためらうかもしれない。（特に核弾頭が日本に着弾した場合は、ためらいそうだ。）日本は、撃たれ損である。

こういう見通しが立てば、北朝鮮は交渉で強く出る。日本は弱腰になる。交渉は、北朝鮮に有利になる。軍事力が政治力に転化するのである。

＊

日本に、「長射程巡航ミサイル」（中距離ミサイル）があればどうか。

巡航ミサイルは、飛行機と同じで、低空をゆっくり飛ぶので、時間がかかる。対空砲火で撃ち落とされやすい。けれども、製造はまあ簡単だ。一〇〇〇発できたとする。

日本に北朝鮮のミサイルが着弾したら、日本も北朝鮮にミサイルを発射する。アメリカ軍を頼りにする必要がない。一発につき一発（同害報復）という考え方もあるが、ほっておけば、つぎが飛んでくる。何十発でも発射して反撃してもよい。

アメリカ軍は、日本の反撃能力を歓迎するだろう。アメリカが反撃すれば、アメリカがただちに戦争に巻き込まれる。日本が反撃すれば、日本の自衛権の範囲だから、様子をみているることができる。それなら、グアムにミサイルが飛んでくる心配はない。

＊

日本が「長射程巡航ミサイル」で、北朝鮮に反撃した場合、北朝鮮は被害を受ける。そこでさらに攻撃すれば、さらに日本から反撃を受ける。

どちらにも、被害が積み重なっていく。ある段階で、アメリカの参戦を招く。北朝鮮にとって、勝算のないシナリオになる。

結論として、**日本が中距離ミサイルを備えることは、北朝鮮に対して抑止効果がある。**有効な選択である。（ただし、「巡航ミサイル」よりも、「弾道ミサイル」がよいのではないか、目標を特定するための情報をどう集めるか、などの問題は残る。）

◎核ミサイル攻撃の場合

以上は、北朝鮮から、通常弾頭のミサイルで攻撃された場合である。

通常弾頭のミサイルを撃ち込まれたうえ、つぎは核攻撃すると北朝鮮が予告した場合、話は複雑になる。

日本は、中距離ミサイルで反撃しても、もちろんよい。けれども、その場合には、つぎは核ミサイルの攻撃を受けると覚悟しなければならない。それに対して、アメリカが核ミサイルで、北朝鮮に確実に反撃すると信じられるか。もしも日本側に迷いがあれば、中距離ミサイルでの反撃をあきらめるかもしれない。これは、日米安保条約が機能していないという意味になる。

このメカニズムについては、第6章一五二〜一五三ページの（a）〜（f）を参照してほしい。

＊

逆に言えば、**北朝鮮は、日米安保条約が機能しない状態をつくり出し、日米同盟にクサビを打ち込むために、まず日本を通常弾頭ミサイルで攻撃し、つぎは核弾頭で攻撃するぞ、と予告する可能性がある。**

こうした困難に見舞われないですむ方法はないものか。

◎ミサイルが飛んできたら手遅れ

結論として言えること。

北朝鮮から、通常弾頭であれ核弾頭であれ、**ミサイルが飛んできてからでは手遅れだ**ということである。

北朝鮮が、日本にミサイルを発射するとすれば、動機と目的がある。どういう場合にどういう動機で、どういう目的でミサイルを発射するか。日本側が、反撃できる中距離ミサイルを備えれば、抑止できるのか。アメリカ軍が確実に反撃すると、どう北朝鮮に信じさせるか。こういう分析と戦略の設計は、装備の問題でなく、心理戦の範囲である。

＊

北朝鮮は、自由な言論がなく、すべてのメディアはプロパガンダの機関である。日本のメディアは自由で、政府から独立している。

自由なメディアは、よいもので、言論のあるべき姿である。しかし、心理戦にとって、困った面もある。政府が組織的に心理戦に取り組むのに、態勢をつくりにくいのだ。

民間の研究所やシンクタンクが本来、こういう業務を担当し、専門家を養成することが望ましい。そういうソフトパワーは、安全保障の基盤のひとつである。

第8章
台湾有事

台湾侵攻はある。確実にある。日本はそれに、備えなければならない。台湾侵攻は、台湾に対する攻撃である。中国と台湾との戦争である。それは、中国とアメリカとの戦争になる。そして自動的に、中国と日本との戦争になる。台湾有事とは、日中の軍事衝突にほかならない。

8・1 中国はなぜ、台湾に侵攻するのか

◎台湾とは何か

台湾は、中国本土の沖合に浮かぶ島。その歴史をまず、振り返ってみよう。

台湾は、中国の一部であるといわれる。でもそれは、長い間、はっきりしなかった。

＊

台湾にはもともと原住民が住んでいた。一七世紀にオランダが入植し、対岸の福建省から漢民族も移住してきた。明朝を再興しようと、鄭成功が台湾を拠点にして清朝に抵抗して、討伐された。清朝は台湾を勢力下に収めたが、ずっとほってあり、直接統治を始めたのはようやく一九世紀の末である。本土の人びとは、台湾に渡航することを禁止されていた。移住した人びともいたが、不法移民である。

一八九五年、清は日清戦争で日本に敗れた。清は下関条約で、台湾を日本に割譲した。以来、一九四五年まで五〇年間、台湾は日本の一部だった。

一九四五年、日本が降服すると、カイロ宣言にもとづき、台湾は中華民国に返還された。国共内戦で敗れた国民党は台湾に逃れ、蔣介石の独裁的な政権が成立した。国民党と共に大陸から渡った少数の外省人（本土の人びと）が、大多数の本省人（台湾の人びと）を支配するという体制だ。一九八〇年代に李登輝が出て国民党の改革を進めた。民進党もできた。以来、選挙によって政権交代がおこる、民主主義の国家として歩んでいる。

以上をまとめると、台湾が実際に、大陸と政治的に一体化していたのは、一八九五年より前の五年あまりの期間、ならびに、一九四五年から五年たらずの期間だけだ。それ以外の期間、台湾は大陸から切り離されていた。台湾の人びとには、自分たちは「台湾人」だという意識が強い。

台湾が「台湾省」で本土の一部、というのは、国民党の主張、そして中国共産党の主張である。それは、清朝がもともと台湾を統治していた時期があり、中華民国、中華人民共和国が、その正統な後継政府だから、という理由だ。

◎なぜ必ず侵攻するのか

中国はなぜ、必ず台湾に侵攻すると言えるのか。

まず第一に、台湾を取り戻すことが国家目標だと、中華人民共和国憲法に書いてある。憲法は何回か改正されているが、この点は変わらない。武力で取り戻す、とは書いてない。けれども、武力を使わない、とも書いてない。とにかく台湾を取り戻し、中国の統一を完成することは、中国人民の義務であり悲願なのである。

このことは、中国の学校で繰り返し教えられ、中国の人びとの頭に焼きついている。誰に聞いても、台湾は中国の一部です、かならず取り戻して統一します、という答えが返ってくるだろう。

第二に、中国がひとつであることは、アメリカ合衆国も認めている。

中華人民共和国が成立すると、中国の国連代表が、中華民国なのか、中華人民共和国なのかが問題になった。中国の国連代表権問題である。国連総会で、中華人民共和国を支持する国々が増え、一九七一年には中華人民共和国に代表権を与えることが可決された。

アメリカはそれと前後して、中国と関係改善をはかり、一九七二年にはニクソン大統領が北京に毛沢東を訪問した。両国政府が発表した「上海コミュニケ」で、アメリカは、中国がひとつであること、台湾は中国の一部であることを認めている。問題を「平和的に解決することを望む」とクギを刺したが、中国にちゃんと伝わったかわからない。

中国からすれば、台湾は中国の一部なのだから、国内問題である。国内問題をどう解決しようと、アメリカにとやかく言われる筋合いはない。これが中国の人びとの、平均的な考え方であろう。

第三に、中国の経済力も軍事力も十分に強くなった。

改革開放が始まったころ、中国の経済は大したことがなく、発展途上国並みだった。その後、驚異的な経済成長を続け、日本を追い抜き、アメリカと肩を並べた。いずれアメリカの二倍か三倍の経済規模になるだろう。通常戦力も核戦力も、経済力に比例して強大になる。中国の軍事力がアメリカをしのぐ実力をもつのは確実だ。

しかも台湾は、中国大陸の目と鼻の先で、アメリカからは遠く離れている。アメリカが妨害したくても、中国が台湾を軍事力で統一するのを、阻止するのはむずかしい。

軍事的に可能なのに、統一のために何もしないと、政権に対し国民の非難が集中する。

第四に、中国共産党政権の正統性がかかっている。

中国共産党はもともと、中国の社会主義、共産主義革命を担う、革命政党である。けれども、社会主義市場経済を掲げたことで、革命を担う政党ではなくなった。では、その存在理由はなにか。中国ナショナリズムである。中国の独立と主権を守り、中国人民の幸福を実現する。通常の国家と同じだ。違う点は、共産党の一党支配であること。政党は任意団体で、政府機関ではない。通常なら複数ある。そのうちどの政党に政権を託すかは、人民の自由に表明する意思（選挙）によって、決まる。でも中国共産党には、その手続きがない。実力によって国民党を追い払い、政権を奪取した。それは革命のためだった。革命をやめたのに、まだ政権を独占していていいのか。

中国共産党の業績は、革命でないとすれば、抗日戦争で日本軍に勝利したこと。人民解放軍が中国を解放したことになっている。でも実際には、上海で、日本側に国民党の情報を提供する代わりに資金を受け取っていた、という事実も明らかになっている。抗日戦争で主に戦っていたのは国民党軍で、共産党はその手柄を横取りしたのではないか。

業績その二は、中国の経済を成長させ、先進国にしたこと。これは素晴らしいが、それなら大躍進や文化大革命をやらないで、さっさと市場経済を進めていればよかった。経済成長が頭打ちになったり、インドに追い抜かれたりしたら、業績はかたなしになる。

そこで業績その三の目玉が、台湾解放である。中国共産党が台湾を取り戻し中国を統一すれば、大きな業績で、一党支配の正統性は当分のあいだ揺るぎないものになる。

◎どのタイミングか

中国共産党が、台湾の武力統一を覚悟しているとして、それはどのタイミングになるだろうか。

それは誰にもわからない。

＊

ひとつは、わりあい先になるだろう、という可能性。先になればなるほど、中国の経済力と軍事力がアメリカを上回って、しっかり準備ができる。中国が有利になって、勝利する可能性が高くなる。三年先よりは五年先。五年先よりは、一〇年先、というわけだ。

これは、大日本帝国の場合とま逆である。大日本帝国はなぜ、一九四一年に開戦したか。それまでアメリカは、国論が一致していなかった。ヨーロッパで第二次世界大戦が始まっても、参戦していなかった。しかし日本の中国侵略や東南アジア進出に警戒を深め、石油禁輸などで日本を締め上げた。大規模な建艦計画も明らかになった。日本海軍の戦力はいまがピークで、年を追うごとに、アメリカにひき離されていくだろう。戦争するなら今だ。勝てる見通しはないが、緒戦で戦果をあげれば何とかなるだろう、という見切り発車で、開戦が決まった。先にのばせばどんどん不利になるから、だった。

中国は、現実的なので、勝てるかわからないのに、アメリカと戦争したりしない。

それに、大日本帝国の場合と違って、年を追うごとに、戦力バランスは中国に有利になっていく。急いで開戦する必要がない。

◎いつまで待てるのか

その反対に、開戦を先送りにすることも、政治的なリスクが大きい。

二〇〇〇年ごろ、アメリカでは、二〇一〇年問題が議論されていた。二〇一〇年には中国軍の戦力が伸長して、台湾海峡を越えて台湾に侵攻する能力を獲得する。そのときどうするか、専門家があれこれ検討していた。

いまはもう、二〇一〇年を一〇年以上も過ぎた。中国は、二隻目の国産空母も完成させ、合わせて三隻となった。強襲揚陸艦（みた目は空母そっくり）もある。潜水艦も数多い。最新鋭の戦闘機は台湾の五倍もある。空母キラーやグアムキラーや、もっと最新式のミサイルが手ぐすねをひいている。AIを使った戦争シミュレーションでは、何回やっても中国が勝つ、いやアメリカに分がある、と結果が分かれている。少なくとも、中国が勝つ可能性がかなりある、ということだ。

中国軍の実力が相当なものであることは、中国の人びとも知っている。戦って勝てるのに戦わないのは、弱腰であることになる。中国共産党は、なんのための政権なのか。開戦を先にのばすほど、厳しい目が向けられる。愛国教育を進め、ナショナリズムを焚《た》きつけたおかげで、政権は自分で自分の首を絞めている。

＊

中国の指導者には、自負心がある。歴史に名を残したい。権力が自分の手にあるうちに、大きな業績をあげたい。中国共産党に限らず、歴代の統治者がみな願ってきたことだ。台湾を取り戻し、中国を統一する。これほど大きな業績はない。習近平であれ誰であれ、これを自分でなしとげたいという、強い思いを抱くだろう。台湾を解放できるのに、先のばしにする理由はない。そういう切迫感が生まれても、不思議はない。

中国は、もう十分待った。アメリカがよもやと油断しているうちに、突然軍事侵攻を始める可能性があるのだ。

◎空母は時代遅れ

台湾をめぐる戦争のゆくえを占おう。軍事技術の革新が見逃せない。

アメリカ軍の伝統的な主戦力であった、空母打撃群が時代遅れになっている。

＊

空母は、第二次世界大戦で、海戦の主役に躍り出た。従来の主戦力だった戦艦に代わり、艦隊の主戦力になったのだ。

戦艦の主砲は、四〇キロ程度の射程しかない。それに対して、空母の艦載する航空機は数百キロの航続距離をもつ。戦艦の射程外から戦艦を攻撃できるから、勝負にならない。そこでそれ以後、空母を中心にそのほかの艦艇で艦隊を組む、空母打撃群が海上戦力の中心になった。（空母打撃群は、昔は、機動部隊とか空母戦闘群などといっていた。）

＊

空母打撃群は、空母の艦載機で制空権を確保しながら予定の進路を移動し、ある戦域で自軍が有効な作戦行動が展開できるようにする。

空母打撃群に対する脅威は、敵軍の発射する各種の対艦ミサイルである。そのため、艦隊はイージス艦を従え、イージス・システムによって、飛来する敵軍の各種ミサイルを残らず迎撃する態勢をとっている。しばらく前まで、イージス艦を従えた空母打撃群の防空システムは、十分有効に機能すると考えられていた。

だが、極超音速弾道ミサイルの登場によって、この前提が脅かされている。

このタイプのミサイルは、高速で飛来し、しかも進路をくねらせるので迎撃しづらく、しかも精密誘導で目標に命中する。通常弾頭であっても一撃で、空母を機能停止に追い込めるだろう。空母打撃群は、浮かぶ要塞だったが、いまや浮かぶ標的だ。中国はこのタイプのミサイルを、すでに実戦に配備している。

しばらく前なら、空母打撃群が出動すれば、通常戦力で劣る国々は、黙っておとなしくするしかなかった。いまは、新世代の対艦ミサイルさえあれば、空母打撃群の艦艇をつぎつぎ撃沈することができる。空母打撃群は、そもそも戦域（台湾海峡周辺）に近づけなくなっているのである。

◎台湾侵攻作戦の目的

中国が、台湾侵攻に踏み切るとして、その目的はなんだろう。

台湾侵攻の目的は、ふつうの戦争の場合と異なる。

＊

ふつうの戦争の目的は、相手国と平和条約（講話条約）を結ぶことである。この条約によって、戦時だったものが、平時に戻る。条約のなかみは、要するに、戦勝国の意思を、敗戦国に押し付けるもの。クラウゼヴィッツが『戦争論』でのべている通りである。

台湾侵攻は、戦争ではなく、国内問題。――これが中国の主張である。だとすれば、武力をともなうとしても、それは国と国との争いではない。一国の内部の、正統な政府と正統でない政府（反乱側）との争い、すなわち、内乱になる。いわば、南北戦争のようなものである。

戦争であれば、戦うのは正当な行為であり、罰せられることはない。（戦時国際法に違反した戦い方をすれば別である。）捕虜となれば、捕虜としての保護を受ける。負けた国の政府首脳や軍幹部が、その職務を果たし、戦争をしたことの罪を問われない。

内乱であれば、台湾の政府首脳や軍幹部は、内乱罪、反逆罪に問われる可能性がある。中国の刑法や法令が、台湾の人びとに適用され、逮捕され処罰されるかもしれない。それは、台湾が正統な政府でなかった（中国の一部であった）ことの証明になる。

台湾側をこのように処遇することが、台湾侵攻の目的となりうる。

＊

台湾への軍事侵攻が成功した場合の、事後処理はつぎのようでありうる。

・台湾の政府首脳、軍首脳を逮捕し、有罪とし、処罰する。裁判は、中国の一般法廷ではなく、軍事法廷であるかもしれない。
・台湾の法体系は効力を停止し、台湾政府は機能を停止する。
・代わって、中国の任命する台湾省政府が、台湾を統治する。ただし侵攻後しばらくの期間は、人民解放軍が軍政をしくかもしれない。
・台湾の法体系は、ただちに、中華人民共和国の法体系に置き換わる。一部の法令（反逆罪やスパイ罪など）は、台湾占領の時期より遡って、適用されるかもしれない。
・台湾への軍事侵攻作戦が終了しても、講和条約などの条約は結ばれない。台湾政府はもともと存在しなかった、が中国の立場だからである。
・台湾と外交関係をもっていた国々に対しては、台湾との条約が無効になったことの確認を求める。
・台湾の法令のもとで成立した契約、設立された会社、授与された資格、銀行預金、債券などは、中国の裁判所や法務当局による確認（承認）を求めるように言われる。
要するに、**台湾は消えてなくなる。これが、台湾侵攻の目的だ。**
中国が、かくあるべきだと思う意思が、台湾の人びとに押し付けられるのだ。

◎台湾の一部占領にとどまる場合

以上は、台湾侵攻に対抗する、台湾やアメリカや日本の軍事行動が成功せず、台湾の全体を中国軍が占領した場合である。

占領とは、地上軍の人員がある地域の全域に、十分細かい間隔で展開し、敵対する軍事行動がないことを確認し、民間人を保護し、秩序を維持している状態である。

＊

中国軍が、台湾の一部に上陸したものの、それ以上の進撃を阻まれ、戦線が膠着して休戦に至った場合は、休戦協定を結ぶことになる。朝鮮半島の、38度線と同様である。

その場合には、休戦協定は、たとえばつぎのようでありうる。
・中国軍と台湾軍は、これこれの線を境界に、何年何月何日より無期限に、戦闘を休止することを約束する。
・中国軍の支配地域は、中国が統治し、中国の法令が適用される。
・台湾軍の支配地域は、台湾が統治し、台湾の法令が適用される。
・台湾は中国の一部であるという中国の主張を、台湾は認める。
・台湾は、台湾を実効統治する政権であるという台湾の主張を、中国は認める。
・アメリカ、日本、ほか西側諸国は、台湾を承認し、相互防衛条約を結ぶ。
中国は台湾の一部を占領し、台湾に中国の主張を認めさせたので、勝利したと主張することができる。台湾は、事実上の独立国家であると認められたのは、利益である。双方痛み分けの休戦協定である。

◎台湾を占領できず撃退された場合

中国が、台湾を占領できず、撃退された場合、台湾に中国の要求を認めさせる足がかりを摑むことができない。台湾侵攻失敗、である。

台湾侵攻に失敗した場合、中国は、世界中から非難をあびる。ウクライナに侵攻したロシアの場合よりも、厳しい非難かもしれない。ロシアと戦うのはウクライナだけだが、中国と戦うのは、台湾だけでなく、日本をはじめ西側の多くの国々だからだ。

＊

中国が台湾侵攻に失敗した場合、つぎのようになる可能性が考えられる。

・台湾は、中国の主張を一切認める必要がなく、現状を維持する。
・アメリカ、日本をはじめいくつかの西側諸国は、「ひとつの中国」政策を撤回し、台湾を承認する。
・西側諸国をはじめ世界の多くの国々が、中国に対する経済制裁を課す。
・西側諸国と中国との、デカップリングが進む。
・アメリカは、NATOと同様の、インド太平洋条約機構（IPTO）を創設し、台湾を含めるかもしれない。
・アメリカは、さもなければ、台湾との核シェアリングを提案するかもしれない。

・中国では、現政権に対する非難が高まり、いっそうナショナリズムが高揚するかもしれない。

台湾侵攻に失敗することは、中国にとって、政治的リスクがとても大きい。

◎台湾侵攻作戦の実際

中国軍の台湾上陸を成功させるためには、どのような準備が必要か。
・大陸から台湾への、渡洋作戦を成功させなければならない。
・そのためには、制空権を確保しなければならない。
・そのためには、台湾の航空戦力、嘉手納基地、アメリカの空母打撃群、日本の自衛隊の航空戦力を無力化しなければならない。
・上陸地点に対する台湾軍の火砲を、無力化しなければならない。
・台湾海峡および周辺での、アメリカ軍艦艇、自衛隊艦艇、とくに潜水艦の活動を無力化しなければならない。
そのためには、どういう攻撃の手順になるか。
・まず台湾の飛行場に、中国大陸から多数のミサイルを撃ちこみ、航空機を破壊し、滑走路を使用不能にする。
・沖縄の嘉手納基地も同様に攻撃し、滑走路を使用不能にする。

・横須賀の米海軍基地をミサイル攻撃し、原子力空母を使用できなくする。
・台湾、米軍、自衛隊の通信や指揮中枢を精密誘導のミサイルで攻撃し、無力化する。
・サイバー攻撃で、台湾、米軍、日本の意思決定中枢をマヒさせる。

以上の作戦を、最初の数時間に集中的に行なう。

続けて、第二段階としては、

・中距離ミサイルを大陸から、連日多数発射して、台湾の地上軍を無力化する。
・特に、上陸部隊を迎え撃つ火砲に対して、集中的な攻撃を加える。
・台湾周辺は中国の軍事作戦区域となるから、外国船舶は航行を禁止すると宣言する。
・台湾海峡にひそむアメリカや日本の潜水艦を、見つけ次第に撃沈する。
・台湾海峡付近のアメリカや日本の艦艇を、見つけ次第に対艦ミサイルで撃沈する。

これで、上陸部隊を載せた中国軍の船隊が、台湾に向けて出航できることになる。

◎アメリカ軍の反撃

アメリカ軍や自衛隊は、これに対して手をこまねいているわけではない。中国軍の最初の数時間の先制攻撃が始まったらすぐ、台湾侵攻能力をそぐため、反撃を開始するであろう。

それは、つぎのようでありうる。

・中国軍の指揮中枢に、巡航ミサイルを撃ち込んで無力化する。

・中国軍の空母三隻や強襲揚陸艦に、戦闘機から対艦ミサイルを撃ち込む。
・中国の空軍基地の航空機や滑走路に、巡航ミサイルを撃ち込む。
アメリカは、中距離ミサイルを持たないので、攻撃の選択肢が限られている。今後、日本が配備するとされる中距離ミサイル一〇〇〇基態勢が整えば、アメリカ軍に代わってこれらミサイルが、中国の先制攻撃に対する反撃の第一波となるであろう。

＊

中国軍が台湾海峡を渡って地上軍を上陸させようとする場合、上陸部隊や兵器を載せる船隊に対して、攻撃を加える。
・台湾周辺に展開する潜水艦から、魚雷や水中発射の対艦ミサイルで、攻撃する。
・遠方の基地や艦船から発射した巡航ミサイルで、攻撃する。
・台湾上空で待ち受ける戦闘機から、対艦ミサイルで攻撃する。
アメリカの空母打撃群は、もしまだ活動できるとしても、台湾を遠く離れた海域から、戦闘に参加することを強いられる。中国の弾道ミサイルの射程域に近づけないからだ。

＊

この結果、中国軍の上陸作戦がうまく運ぶかは、なんとも言えない。

上陸に成功したとしても、そのあと上陸地点から進撃して、主要都市や戦略目標を攻略できるかは、やはりなんとも言えない。

要するに、台湾上陸作戦は、不確定要素が大きく、中国にとってリスクが大きい。

8・2 台湾の海上封鎖

◎どう海上封鎖するか

中国は、リスクを回避しつつ、台湾を屈伏させられないかと考える。そこで、台湾に侵攻するかわりに、台湾の海上封鎖を試みるかもしれない。

＊

海軍の艦艇などが出動して、ある国の通商を止めてしまう。商船の通航（物資の輸送）を許さない。無理に通ろうとすれば撃沈する。これが海上封鎖で、経済封鎖のことである。

機雷を航路に投下して、航行できなくしてしまう方法もある。

海上封鎖は、ある国の経済に深刻な打撃を与える。原料や食糧を輸入できないし、製品を輸出できない。国際法では、戦争行為とみなされる。海上封鎖をされれば、それに対抗して軍事力を行使する正当な理由になる。

＊

軍艦をならべて封鎖線をつくるかわりに、もう少し巧妙なやり方もある。台湾に向かう／

台湾から出航した商船が、突然、国籍不明の潜水艦の放った魚雷で、撃沈される。中国の軍艦のしわざらしいが、はっきりしない。通商破壊活動だ。

もちろん国際法違反である。

この報が入るや、大混乱になる。台湾周辺は準戦争地帯とみなされ、船荷保険の保険料が急騰する。実際問題、貿易ができなくなるということだ。中国に抗議をしたいが、証拠がない。中国は、ちょっといやがらせをするだけで、台湾経済を締め上げることができる。

＊

中国軍の軍艦を出して、堂々と海上封鎖をした場合には、なぜそんなことをするのか、中国は説明しなければならない。そして、台湾軍やアメリカ軍による、武力行使をまねくだろう。

いずれ戦争になるなら、海上封鎖などまだるっこしいことをしないで、台湾侵攻の軍事オプションをとったほうが明確だ、とも言える。

国籍不明の潜水艦によるいやがらせ（商船の撃沈）は、台湾を屈伏させることができるのか。台湾はくじけないかもしれない。アメリカの潜水艦がお返しに、中国を出入りする商船を撃沈するかもしれない。その場合、中国は、台湾以上の痛手を被る。なにしろ、貿易量が多いのであるから。

＊

台湾侵攻にくらべて、海上封鎖はリスクが少ない。だが、効果も少ない。台湾が孤立し、台湾の経済が打撃を受けるにとどまり、中国が台湾を統一できるわけではない。

以上を考えると、中国が海上封鎖を選択する可能性は、少ないのではなかろうか。とは言え、台湾侵攻にあわせて、海上封鎖も行なうだろうから、海上封鎖についてもよく研究しておく必要がある。

台湾周辺が戦域になり、在日米軍基地も攻撃を受け、日本も戦争の当事者になれば、日本も海上封鎖を受けたのと似たような状態になる。

8・3　台湾の核

◎台湾の核保有

仮に、台湾が核兵器をもっていたら、中国は台湾侵攻に踏み切るだろうか。

台湾が通常戦力だけで抵抗する場合に比べて、作戦の成功はむずかしくなるだろう。核保有国が、他国から侵攻を受けた事例は、これまでに存在しない。どんな国も、自国の存亡がかかっている場合、核兵器の使用を決意する可能性が高い。

北朝鮮が核兵器を断固として開発したのも、自国の独立と安全を確保するためだった。通常戦力で上回る相手国によって脅かされている場合、核兵器は自国防衛の切り札になる。相手国が核兵器を持っている場合は、なおさらだ。

＊

では、台湾は核保有をめざすのが合理的か。

台湾の状況は、北朝鮮と似ているところがある。

台湾は、核を保有するアメリカの、強力な支援を期待できる立場にある。だからあえて、核保有をめざすことは賢明でなかった。この点は、北朝鮮よりも日本に似ているのだ。

◎台湾をどう守るか

台湾は、アメリカと軍事同盟を結んでいない。アメリカは台湾（中華民国）を承認していないので、外交関係も軍事同盟も、結ぶことができない。台湾関係法を議会が通して、ぎりぎり非公式の関係を保っている状態だ。

アメリカの通常戦力が、中国を圧倒している限り、台湾の安全はこれで守られた。

アメリカの通常戦力に、中国が追いつき、上回る形勢になると、台湾の安全に問題が出てくる。アメリカは、通常戦力で台湾を守りきれない。アメリカは、核戦力を台湾を守るために使うことができない。そのためにアメリカが、核兵器で反撃を受けるわけには行かないからである。

アメリカが台湾防衛のために、核兵器を使わなかったとしても、条約違反ではないし、倫理的・道義的な問題はない。アメリカは、台湾を防衛する「義務」がないからである。

この点、日本は台湾と立場が異なる。日本とアメリカは日米安保条約を結んでいて、軍事同盟の関係になる。アメリカは、日本を防衛する義務がある。それは、核兵器による防衛をも含む、とアメリカは発言している。日本は、アメリカの核の傘に入っている。

*

台湾は、いまのところ核兵器を計算に入れることなく、自国の通常戦力を頼みに国を守り切る覚悟である。

台湾は、アメリカ軍や日本の自衛隊の来援をえつつ、自国の航空戦力やミサイルをフルに活用して、中国軍の初動に対抗する。戦況が中国に有利に展開し、中国軍の上陸を許すようなことがあっても、地上軍が全力で、進撃を食いとめる。（上陸地点は、台湾南部の西岸か東岸で、上陸後、中国軍部隊は台北をめざして北上をはかると予想される。）

台湾の反撃で有効なのは、中国本土の戦術目標（飛行場や軍港やミサイル発射部隊）をねらうミサイル攻撃であろう。台湾に、中国本土の後方拠点までも射程に収めるミサイルを、大量に供給することが、防衛力の増強に役立つ。

◎アメリカの危惧

台湾が核保有することは、台湾の安全を高める。

それは、アメリカにとって、よいことである。

けれどもアメリカ合衆国は、それ以上に、東アジアの軍事バランスと安定を優先的に考慮するのではないか。

＊

台湾の核保有は、中国の強烈な反撥《はんぱつ》をまねく。核開発の準備段階で、イスラエルがイラクを先制空爆したように、核施設を限定攻撃するかもしれない。台湾海峡の緊張は一気に高まる。

また中国は、アメリカに対する不信感を増すだろう。台湾の核開発は、アメリカの了解と支援なしに行なえないはずだと考えるからだ。

さらに、台湾の核開発は、韓国と日本を刺戟する。韓国も日本も、台湾から脅威を受ける立場にはないが、台湾と同盟関係にあるわけでもない。隣国が核武装すれば、自国の防衛戦略を見直さなければならない。遅くない時期に、韓国と日本も核保有を選ぶ可能性が出てくる。

＊

東アジアに、台湾、韓国、日本と、新たな核保有国が生まれること。アメリカは、これを歓迎しないであろう。

これらの国々は、核兵器を保有していないので、アメリカの核戦力に依存してきた。核兵器を保有すれば、アメリカの核の傘に依存しないですむ。政治的、軍事的に、独自の選択肢をとることができる。

これを裏側から言えば、東アジアの国々に対して、アメリカの影響力が低下する、ということである。これはアメリカにとって、決して望ましい話ではない。そして、東アジアの軍事バランスは、混沌として不安定なものになる。偶発戦争の危険さえあるかもしれない。どの国にとっても、望ましくない状態だ。

台湾の核保有は、そういう状態への引き金になる可能性がある。

＊

台湾の核保有は、核拡散防止条約（ＮＰＴ）の精神に反する点も、無視できない。自国防衛、すなわち中国の台湾侵攻を阻止するためとは言え、条約違反の事実は重い。北朝鮮並み、とは言わなくても、それ相当の制裁を課さなくては、国際社会に対する示しがつかない。台湾経済はスローダウンする。台湾の防衛力整備にとっても、逆風になるだろう。核開発は、それだけマイナスの大きい選択なのだ。

◎核シェアリングはどうか

台湾が独自に核開発をする代わりに、アメリカの了解と協力のもと、核シェアリングを採用する、という選択肢もありうる。

核シェアリングとは、いろいろなタイプがありうる。ざっくり言えば、**核保有国**（この場合、アメリカ）**の核兵器を、当該国**（この場合、台湾）**と共同管理することにし、その核兵器を使用するか否かについて、当該国の発言権をみとめる、というもの**である。

これによれば、台湾は、核兵器の使用について、発言権を持つことになるので、核保有と同等ではないにしても、それに近い抑止力をもつと期待できる。

＊

核シェアリングは、核開発をしなくても、核保有国から核兵器を提供してもらえればよいので、すぐ始められる。また、核兵器はアメリカの管理下にあるので、アメリカとのあいだに矛盾や摩擦を生じる可能性が少ない。これらは、核シェアリングの利点である。

＊

これに対して、台湾の場合、核シェアリングがむずかしい事情もある。

核シェアリングのためには、核兵器を台湾に持ち込み、米軍基地に配備しておく必要がある。（国外にある米軍の核兵器について、台湾が発言権をもつのはむずかしいだろう。）

台湾に米軍基地をおくためには、米台軍事同盟を結ばねばならず、それに先立って、アメリカが台湾を承認しなければならない。これは、「中国はひとつ」という従来の政策からの大転換を意味する。中国の猛反撥をまねき、この決定自身が米中関係を決定的に悪化させるだろう。台湾侵攻より先に、米中の軍事衝突を招きかねない。

かりに、アメリカが台湾を承認し、すみやかに米台軍事同盟を結ぶことに成功したとしても、核シェアリングの完成までに、しばらく時間がかかる。中国はその期間を、台湾侵攻の最後のタイミングと考え、開戦に踏み切るかもしれない。アメリカにそのリスクを冒す覚悟があるだろうか。

かりに、核シェアリングの協定を結ぶことができ、核兵器を台湾の米軍基地に配備したとしても、中国の攻撃に対して脆弱である。ピンポイントで、米軍基地の核施設を（通常弾頭ミサイルで）先制攻撃するだけで、核シェアリングは機能停止してしまう。台湾侵攻を抑止する台湾の核戦力、としてはたらくことはできなくなる。

＊

以上、核シェアリングは、メリットもあるが、問題も大きく、簡単に採用できる戦略ではない、と言えよう。

8・4 台湾有事と日本

◎台湾有事は日本有事

中国が台湾侵攻に踏み切れば、日本はただちに、当事国になる。中立はありえない。

当事国である理由の第一は、アメリカ軍が台湾防衛に、日本から出動するからである。アメリカ軍は、在日米軍基地（嘉手納基地や横須賀基地や…）から出撃する。中国からみれば日本は、後方でアメリカ軍の活動を支援する同盟国である。

そこで、日本にある米軍基地はもちろん、自衛隊の航空機、艦艇、海上保安庁の船舶、自衛隊の基地は、戦術目標として、中国軍の攻撃対象になる。（先制攻撃されるケースもありうる。）日本の対空ミサイル基地や、反撃能力のあるミサイル基地も、攻撃対象になるだろう。

いっぽう、日本の民間施設（工場や都市や社会インフラや…）は当面のあいだ、攻撃対象にならない。（中国が、日本の攻撃によって、都市や社会インフラが被害を受けた、と主張すれば別である。）

＊

中国が台湾に侵攻すれば、日本にとっては「周辺事態」である。自衛隊は、戦時編制に移行し、日米ガイドラインにしたがって、アメリカ軍と連携して防衛行動を行なう。直接に台湾防衛を任務とするわけではない。だが、台湾防衛を任務とするアメリカ軍を防衛するのだから、結果としては同じようなことになる。

いずれにせよ、中国からみれば敵対行動だ。

◎特措法の限界

自衛隊は、軍隊でない。

憲法9条に、軍隊を置かない、と書いてある。でも自衛権があり、自衛隊法によって自衛隊がある。国家組織だが、警察と同様で、法律の許すかぎりで活動する。

法律も、警察権も、国家の統治が及ぶ範囲でしか効力がない。公海や国外では、自衛隊は活動の根拠がない。そこで、特別措置法を必要があるごとに制定して、外国での任務にあたる。周辺事態法も、その本質は、特別措置法である。

軍であれば、こんな法律はいらない。軍は、作戦行動を行なう自由があり、国際法によって禁止されていないことは、なんでもできる。このことは、すでにのべた（第2章）。

＊

以上は、自衛隊を国内から、憲法や法令の側からみた場合の話である。

外国からみればどうか。

公海上で、あるいは他国の領域内で活動する自衛隊は、れっきとした軍隊である。武器を明らかに携行し、制服を着用し、指揮系統があり、国際法に従って活動する。どこからみても、軍隊にみえる。そして実際、そうである。

台湾有事で出動した自衛隊は、公海で、あるいは台湾領空で、中国軍と対戦する。台湾を防衛するのでなく、アメリカ軍を防衛し支援するのだという。いずれにせよ、中国軍の作戦行動を阻止するため戦闘するのに変わりはない。

＊

戦闘の現場では、軍隊としての自由な行動能力がなければ、戦えない。日本で昔あった議論のように、相手が射撃してからこちらも応戦する、などとピント外れなことを言っていれば、自衛隊員を無用に危険にさらすことになる。

台湾周辺（日本の統治の範囲外）で自衛隊が活動すると、軍隊としての実態が生まれる。憲法9条と、いよいよ整合しなくなる。

けれども、自衛隊のこうした防衛活動は、日米安保条約の一環であり、日本の平和と安全を守る活動なのだ。

◎9条に「自衛隊を置く」と書けばいいのか

しばらく前、改憲案がいろいろ議論されていたときに、憲法9条に、「自衛隊を置く」と書き加えればよい、という案があった。憲法に「自衛隊」と書けば、自衛隊が合憲であることがはっきりし、ついでに、軍隊でないこともはっきりする、という。

じゃあ、軍隊でない自衛隊とは何なのか。これでは、何の役にも立たない。

＊

すでにのべたことだが、繰り返しておく。その昔、日本社会党は、自衛隊を「違憲」だとしていた。そのうち、「違憲合法」だと妙なことを言い出した。日本の平和と安全を、現実にどう考えるのか、きちんと根底から考えていないからこういう体たらくになる。

9条に「自衛隊を置く」と書けばいいだろうという発想は、日本社会党と五十歩百歩である。「違憲」だと攻撃されて、その通りかもと思い、よほど心が傷ついたのだろう。条文をいじくって、心の傷をごまかしてはいけない。

◎「自衛軍を置く」となぜ書かない

政府の憲法解釈は、9条にかかわらず、日本に自衛権はある、である。

自衛権があるのなら、自衛権を実質化する国家組織、つまり自衛隊があるのは当然だ。そういう論理で、自衛隊法ができ、自衛隊が設置されている。

でも自衛隊は、9条の規定があるから、軍隊ではない。軍隊として行動できない。これでは、日本の平和と安全を守る本来の任務が、果たせないではないか。

＊

自衛権があるなら、いちばんストレートな考え方は、自衛軍を置く、である。自衛軍（あるいは、国防軍）は、9条と矛盾する。ならば、9条を改正して、軍隊を置くと定めるしかない。

国際情勢や東アジアの力学の変化によって、これまでのような自衛隊では、日本の平和と安全を守ることができなくなった。だから、自衛隊を、憲法や法令のうえでも軍隊と定め、装備や戦略を整える。政治家は、このように国民に提案しなければならない。

＊

国民が、これに賛成するかどうかは、わからない。国民は、主権者なのだから、どのように判断することもできる。政治家の務めは、国民がよりよい判断ができるように、現実的な選択肢を提案することではないのか。

第9章
日本の核武装

台湾侵攻はある。確実にある。日本はそれに、備えなければならない。

世界の平和は、各国の戦力の均衡（パワー・バランス）によって保たれている。

戦力の主体は、核戦力である。

それでは、日本は、この現実のなかで、どういう戦略をとればよいか。核兵器を持つことを、選択肢とすべきだろうか。

9・1 日米同盟の曲がり角

◎日米同盟という選択

過去数世紀の国際社会は、西欧世界のやり方で編成されてきた。

西欧世界のやり方とは、複数の主権国家（列強）が競い合うことである。

主権国家のなかでも強大な国が、覇権を握る。それ以外の国々は、覇権国家が仕切る国際秩序のなかに、それぞれの場所をみつける。

＊

さて、国際社会はいつも流動的である。ある国は国力を増し、ある国は衰退する。覇権国が退場し、別な国が覇権国にのし上がる。そのたびにほかの国々も、同盟を見直して、自国の安全を確保しようとする。

日本の教訓。覇権国イギリスと同盟を結んで、成功した。覇権国アメリカと対立し、戦争に敗れて失敗した。そのあとそのアメリカと同盟を結び、経済的に繁栄して成功した。日英同盟は日本が自ら結んだ選択だ。日米同盟は、それ以外にない選択として、アメリカから与えられた。どちらも成功したのだが、日米同盟のほうは、いまひとつ自分で選び取った感覚がない。

＊

日米同盟が、どれほど幸運で賢明で有利で合理的な選択であるのか、改めて肝に銘じておくべきである。

それ以外に、選択の余地はなかった。だが、かりに自由に選択できたとしても、それが最善の選択であったことを、思考実験してみるべきだ。

アメリカは、核保有国で、通常戦力でもほかの国々より圧倒的に優位にあり、世界最大の経済大国だった。まぎれもない覇権国だ。資本主義の国で、自由と民主主義を掲げ、資本と技術と安全保障を提供する用意があった。世界中から資源を買いつけ、広大な国内市場を開放する用意があった。そのアメリカが、日本に安全保障を提供してくれると言う。軍事同盟を結ぼうと言う。こんなにタイミングのよい、渡りに舟の申し出があるだろうか。

＊

ただし、勘違いしてはいけない。アメリカは、「日本のことが好きで、厚意で、日本のために軍事同盟を申し出た」のではない。アメリカにはアメリカの、利害と戦略と計算があるのだ。

アメリカは、日本を放置し、権力の空白に置くことができなかった。たちまちソ連の勢力圏に取りこまれ、アメリカに対抗する拠点となることは、目にみえていた。

日本と同盟を結ぶならば、日本の核武装や再軍備や、経済社会政策に口を挟める。アメリカの意に反する行動をとることがないよう、コントロールできる。あるひとは、これを「属国」という。属国かどうかはともかく、これは、アメリカと日本の双方が合意のうえで維持した同盟関係だった。

◎ほかの選択肢はなかった

米ソの冷戦の時代、日本は保守／革新の真っ二つに分かれた。

革新とは、左翼である。マルクス主義、社会主義が影響力をもち、資本主義を批判するのが知識人の任務である、みたいな雰囲気があった。歴史はやがて、資本主義を克服し、社会主義・共産主義の段階に進むのだ、と信じられた。それなら、アメリカと結び、資本主義の経済を営む保守の人びとは、歴史に逆らい、社会の真実から目を背ける「反動」であることになる。ソ連に、中国に、未来はある。保守／革新の争いは、真実と価値と道義をめぐる争いである。

革新の人びとからすれば、日米同盟は、誤り（歴史に反する）で、無意味で、道徳的にも正当化できないものだった。アメリカは、原水爆で手を汚しており、戦争を準備し、日本の平和を脅かす存在だ。だから「安保反対」である。

＊

革新の人びとは、真理の側に立っていると考えたから、言葉をふり回した。新聞雑誌や言論界や大学では、革新系の言論が優勢だった。

保守の人びとは、言葉をふり回すより、経済や行政や地域の現場で、社会を支えることを選んだ。人びとの生活を支えているのは、言葉ではなく現場の実践である。選挙になると、保守の票は革新を上回り、保守政党の政権が維持されるのだった。

革新の人びとは言う、非武装中立と。だが、中立は、武装中立しかありえない。第3章でみた通りだ。そして、憲法は、軍をもつこと（武装）を禁じている。だから中立は、現実的な選択肢ではなかった。

◎憲法は「守れ」ない

平和と安全保障の問題が、保守革新を問わず、言葉でしっかり語られなかったのは、残念なことだった。

いまでも日本には、「憲法を守れ」を看板にしている人びとがいる。信じられないことである。

「憲法を守れ」と言う人びとに、私はこう質問することにしている。――現行の憲法は、それはよい憲法かもしれません。けれども憲法には、憲法改正の規定があります。その手続によって、合法的に、憲法が改正されたとします。その新しい憲法には、もう9条の戦争放棄の条文は残っていないかもしれない。その憲法を、あなたは守りますか。命懸けで守りますか。

もしも「守ります。でも、自分には信念があるので、今度は憲法改正の運動をします」と答えたら、私はそのひとを信用する。そうでなくて口をモゴモゴさせるだけなら、そのひとは、憲法を全然守っていない。

ただしそもそも、憲法は「守る」ものではない。憲法は、政府職員（公務員）に対する命令（契約）で、国民は守ることすらできない。「憲法を守れ」論の人びとは、憲法についての理解があまりにお粗末である。

＊

国民の議論のレヴェルがこの程度なので、有名大学法学部を出た優秀な官僚たちは、国民に黙って自分たちで平和と安全保障のことは仕切ってしまおう、と思ったようだ。中央省庁による専制である。

こういうやり方は、国民の言論によって鍛えられていないし、支持されてもいないので、底が浅い。戦前の軍部がそうだったように、官僚の専制は、国を誤らせる可能性が高い。そして誰も、責任を取らない（取れない）のである。

＊

こういう悪い伝統を断ち切り、国民が言葉による意思決定を取り戻すことも、本書のねらいのひとつである。

◎一九九〇年が転換点

冷戦が終わって、日本をめぐる安全保障環境は、大きな変化を迎えた。

日本の失われた三〇年は、そもそも一九九〇年ごろを境に、冷戦が終わったのがきっかけだ。日本は何が起こったのかわからず、ぼんやりしていた。うなるほど金があったのに、未来に投資することを怠った。そのツケを、ずっと払わされている。

＊

安全保障環境の変化とは、つぎの二つである。

（1）北朝鮮が、核開発を進め、本格的な核保有国として登場した。

（2）中国が、アメリカ並みの国力をつけ、アメリカと対等な通常戦力をもった。

どちらも日本にとって、根本的な変化である。

*

東アジアのパワーバランスは、劇的に変化した。北朝鮮が核保有すれば、北朝鮮と韓国のバランスは、北朝鮮に傾く。通常戦力で劣勢だとしても、北朝鮮が負けることはない。日本との関係でも、北朝鮮は優位に立つ。日本に届くさまざまな射程のミサイルを配備しているうえに、核弾頭も搭載できる。いっぽう日本には、北朝鮮を攻撃する能力がない。ステルス爆撃機もミサイルもない。

*

台湾海峡はさらに深刻だ。

台湾は、軍事同盟によって強固に守られていない。核兵器も保有していない。通常戦力では、中国が台湾より圧倒的に優位に立っている。もしもアメリカ軍が支援しなければ、台湾は自国を自力で防衛するのはむずかしいだろう。

そして、中国は、台湾を武力を用いてでも統一する、という意思を隠さない。台湾侵攻は将来、確実に起こると覚悟しなければならない。

◎北朝鮮の核は、交渉手段

九〇年代に、日米安保は再定義され、ソ連を仮想敵国とするものから、朝鮮半島有事と中国の軍事力を念頭におくものに変わった。

では、北朝鮮と、中国と、日本の安全保障にとって脅威となるのは、どちらだろう。

＊

北朝鮮は、歴史的経緯から日本を敵視しており、日本に対する賠償請求権があるとも考えている。日本を核攻撃もできる軍事力を背景に、北朝鮮は、日本に政治的圧力をかけてくるだろう。

だが、北朝鮮の核を、日本への現実的な脅威だと深刻に考えすぎる理由はないと思う。

まず第一に、北朝鮮の核は、体制の維持を目的とし、アメリカに圧力をかけることを念頭においている。日本には向いていない。日本は、北朝鮮の脅威ではない。日本には、北朝鮮を攻撃する能力もなく、北朝鮮の安全を保障する能力もないからだ。

第二に、北朝鮮が核ミサイルを発射すれば、それが、北朝鮮最後の日になる。現政権を排除し、北朝鮮の体制転換をはかる、あらゆる手をアメリカは打つだろう。そして、中国はそれを黙認するだろう。これがわかっているから、北朝鮮の核ミサイルは、撃てない核ミサイルなのである。

ともかく、北朝鮮が突然軍事行動に出て、日本も戦争の当事者になる可能性は、それほど高くない。警戒を怠ってはならないが、心配しすぎる必要はない。

＊

ただし、戦争はフタを開けてみるまでわからない。日本が北朝鮮の核を恐怖し、アメリカの核の傘を信頼しなくなれば、それが原因になって事態は流動的になる。それも、核兵器がねらう心理作戦の一部である。この点は、第7章で考察しておいた。

◎日米同盟は対中同盟

軍事衝突が起こる可能性が高いのは、中国の台湾侵攻である。

台湾有事は、中国が直接に日本を侵攻するのではない。あくまでも、台湾を占領することを目的とする。

けれども、台湾侵攻を確実に成功させるため、沖縄などの米軍基地、グアム島などの米軍基地はまっさきに先制攻撃される可能性が高い。基地の電力など社会インフラも、サイバー攻撃でねらわれる可能性がある。日米安保条約にもとづいて、自衛隊が出動する十分な理由になる。これは、日本を守る防衛活動なのだ。

＊

出動した自衛隊は、アメリカ軍と協働して、中国軍の台湾侵攻を阻止する。潜水艦は中国艦艇を攻撃し、戦闘機は中国軍機と戦闘し、水上艦艇は中国海軍と交戦する。もしもそれまでに、射程の長いミサイルが配備されていれば、中国大陸の軍事拠点に向けても発射されるだろう。その報復に、日本各地の自衛隊基地や戦略目標が、攻撃を受けるだろう。

◎戦術核はふつうの爆弾か

中国もアメリカも、核保有国である。大陸間弾道弾で、相手国の心臓部に狙いをつけている。そこで、中国とアメリカのあいだには、米ソの相互確証破壊（ＭＡＤ）と同様の、核兵器の均衡が存在する。大量破壊兵器は、使えない兵器であることによって、力の均衡を実現しているのだ。

＊

しかし、米中の対立は、米ソの対立とは異なる。

米ソの対立は、いちじるしい相互不信のため、通常戦力によるどんな衝突も、ただちに核兵器による攻撃の応酬に発展（エスカレート）し、全面核戦争に至る恐れがあった。

米中の対立は、イデオロギーの対立ではない。両国のあいだには、深い経済的つながりもある。かりに通常戦力による衝突が起こっても、それが核戦争にエスカレートしないだろうと、双方に期待が形成されていると思われる。裏返して言えば、安心して、通常戦力による戦闘が行なえるわけである。

＊

中国が台湾に侵攻して、米中の戦闘になった場合、核兵器が使われる可能性があるだろうか。

その可能性は、低いと思う。

核兵器に、戦略核兵器／戦術核兵器、の区別がある。どちらも核兵器であるが、爆発力のスケールと、用途が違う。

戦略核兵器は、メガトン級の水爆や、大きめの原爆を弾頭とするミサイルである。相手国の大都市など人口密集地帯を攻撃目標にする。戦略核兵器を撃ち合う核戦争は、世界の終わりの日である。

戦術核兵器は、これに対して、**戦術核弾頭（小型の原爆）を搭載するミサイルである。**プーチンが使用すると脅しているのが、これである。戦術核兵器は、相手国の陣地とか、展開している相手国の地上兵力とか、相手国の船舶などを標的とする。

十分小型化した核兵器は、ただの「大きめの爆弾」だ、とする考え方もある。それなら、通常兵器の感覚で使えばよいというわけだ。

だが、核兵器は、かなり破壊力が小さかろうと、核兵器である。爆発によって、放射性物質が飛び散る。放射線による火傷もする。広島、長崎の核兵器と同類の、爆弾なのだ。そして、核兵器が使われた場合、相手国が核兵器によって反撃する可能性が高い。全面核戦争への、最初の一歩は、こうした戦術核兵器であって不思議はないのだ。

◎戦術核は使われるのか

戦術核は、前線に配備されているとしても、使用するメリットがあまりない。

第一に、いまのべたように、爆発力が小さいといえども、核兵器なので、相手国や世界に与えるインパクトが大きく、人びとの過剰な反応を引き起しやすい。もっと大きな核兵器で反撃されて、戦術的な優位をかえって失ってしまう可能性がある。

第二に、戦術核を使わなくても、通常弾頭で目的を達することができる。精密誘導ができなかったころは、目標の近くで爆発した弾頭が確実に目標を破壊できるためには、爆発力が大きめのほうがよかった。しかし、精密誘導で、目標にドンピシャリで命中するなら、通常弾頭で十分だ。ウクライナ戦争で、ロシア黒海艦隊旗艦の巡洋艦モスクワは、ウクライナのミサイル2発で撃沈された。アメリカの原子力空母が台湾近海に出撃してきたとして、中国軍は通常弾頭で攻撃しても、十分な効果をあげるはずだ。

確実に破壊したい目標は、アメリカ軍の戦力の象徴である原子力空母だろう。それも通常弾頭で十分だとなれば、それ以外の目標に、わざわざ戦術核を用いる理由はない。

アメリカ軍にも、戦術核弾頭を用いる理由はない。

結論として、中国軍もアメリカ軍も、戦術核兵器を用いる理由はない。用いることもないだろう。

◎不安定なアジア

東アジアは、世界でももっとも不安定な地域となりつつある。

しばらく前まで、中東が火薬庫と言われた。イラン・イラク戦争も、湾岸戦争も、シリアやイラクの内戦も、この地域で起こった。いまでも、紛争の火種がくすぶっている。だが、東アジアは、中東に代わって、アメリカの戦闘正面になってきた。この地域には、冒険主義の独裁国家・北朝鮮がある。強大な権威主義の国家・中国がある。どちらも核兵器を保有している。この地域で紛争が起きると、ただでは収まらない。

＊

この結果、日米同盟は、日本の防衛を目的とするものから、日米共同で、東アジアの安定をはかるものに変化していく。日本を自衛するための組織である自衛隊は、だんだん日本の領域を離れ、通常の軍隊のようにアメリカと協働する戦力に変化しつつある。

すると、日本側に、こういう疑問の声も出てこよう。

日米安保は、日本を防衛するためのものではなかったか。それが変質して、アメリカ軍の子分として、アメリカの戦争につきあわされる条約になっていないか。そもそも日本を防衛するのなら、日本が核武装すればよい。アメリカの核兵器を頼らなくてもよくなる。日米関係を対等なものとし、日米安保条約を結びなおすことができる。日本の自主外交を進めることもできるだろう。

こういう核武装論が出てくるかもしれない。どう考えたらよいか。

9・2 日本の核武装

◎核武装は可能か

日本の核武装はそもそも、可能な選択肢なのか。

可能かどうかは、(1) 技術的に可能か、(2) 条約上可能か、(3) 憲法上可能か、の三つの意味がある。可能だとしても、それが望ましいか、という問題もある。まず最初の三つを、順番に考えてみよう。

＊

第一。核兵器（原爆）の製造が、技術的に可能か。

原爆の製造には、材料として、濃縮ウラニウムか、プルトニウムが必要である。その気になれば、製造できるだろう。

連鎖的な核分裂反応をひき起こすためには、爆縮の技術が必要である。これも、極端にむずかしい技術ではない。

結論として、わが国の技術力をもってすれば、原爆は製造可能である。五年以内にできるだろう。

運搬手段のミサイルは、人工衛星の打ち上げ実績を重ねているので、もう開発ずみと言ってもよい。固体燃料ロケットの技術もあるので、実戦向きである。

＊

第二。条約上、許されるのか。

日本は核拡散防止条約に加入している。だから、いまから核開発をすれば、同条約に違反する。さまざまな制裁を覚悟しなければならない。

逆に言えば、さまざまな制裁や国際社会との摩擦を覚悟しさえすれば、開発はできる。核開発を止めるには、戦争をするしかない。日米安保条約で守られている日本に、戦争をしかける国はいない。核拡散防止条約よりも、アメリカの承認（もしくは黙認）のほうが大事だということだ。

アメリカが日本の核開発を承認（黙認）するか。それは、状況によるだろう。この点はもういちど、ゆっくり考えよう（二四六ページ）。

＊

第三。憲法上、許されるのか。

日本国憲法には、核兵器を持っていけない、とは書いてない。もちろん、持ってよい、とも書いてない。（自衛隊も、持ってはいけないとも、持ってよいとも書いてなかった。）

政府の憲法解釈はどうか。従来、核兵器のような大量破壊兵器は、非人道的で、相手国の人びとを最大限苦しめるためのもので、日本国憲法の平和の理念にそぐわない。特に、唯一の被爆国であるわが国が、核兵器を保有することは、国民の意思に反する。いまの憲法のもとでは、核兵器は持てない。——こういう解釈だったと思う。

けれども、つぎのような解釈もできると思う。

日本は、自衛権をもっている。これは、奪うことのできない、日本国民の固有の権利である。だから自衛隊がある。よその国から侵略を受けたときには、自衛隊が防衛する。

よその国が核兵器をもっている。日本を、核兵器で攻撃する可能性がある。そのとき、わが国に核兵器がなければ、反撃することができない。反撃することができなければ、わが国が核兵器で攻撃される可能性が高まってしまう。いっぽう、わが国に核兵器があって、反撃ができれば、よその国はわが国を核兵器で攻撃することをためらうだろう。すなわち、わが国の国民の安全を守ることができる。これは、わが国の自衛権の範囲内ではないか。

核兵器の本質は、防御兵器だった。そこで、**日本国憲法のもと、自衛権があるならば、自衛の手段として核兵器を持つことができる、**という解釈もできるだろう。

◎「核の傘」とは何か

「核兵器によって、国民の安全を守る」という考え方は、グロテスクにみえるかもしれない。

被爆国として、核兵器の恐ろしさ、まがまがしさを心底思い知った国民が、その核兵器に自分たちの安全を託すなどとは。

日本が、自衛のために核兵器の保有を選択すると、このグロテスクな側面がはっきり自覚できる。では、核兵器を保有しなければ、グロテスクではないのだろうか。

*

その昔、何人かで中国に行ったとき、中国の人びとと、核兵器の話題になった。

日本側の人びとは言う。日本には、広島、長崎に原爆が落とされました。原爆は、あってはならない大量破壊兵器です。その悲惨は、言葉に尽くせません。日本の人びとは、戦争の惨禍と原爆の悲惨を深く反省し、平和に生きる決意をしました。特に、核兵器を持たない、と。世界から、核兵器はなくなるべきです。これは、この前の戦争から学んだ、大事な教訓です。ところが、中国は、核を開発し、核兵器を保有しています。このことを、大変に残念に思います。

中国側の人びとは言う。それは、あなたがたが現実を見ていないからです。世界にはさまざまな国々があり、核兵器をもち、隙あらば相手を屈伏させようと狙っています。自分たちは、中国という国をつくりあげ、その国と人民を守るため、軍備を固め、核兵器をもちました。これは自衛のため、当然のことです。あなたがたは、アメリカと日米安保条約を結び、守ってもらっているではないですか。アメリカは核保有国ではないですか。アメリカの核に守ってもらっていながら、そのことを棚にあげて、中国の核についてとやかく言う資格はないのです。中国は、誰にも頼らず自分で自分を守ろうとしているだけで、核を持つのは当たり前です。

＊

「核の傘」とは、自国が核兵器をもたず、ほかの国の核兵器に守ってもらうこと。国内には核兵器がないので、核と関係ありません、という顔ができる。けれども実態は、自分で核をもつのに比べて、いっそう欺瞞が深い、とも言える。

◎核拡散の何がいけないのか

中国は、自衛のために核をもった。その時期は、十分早かったので、「核兵器国」として認められている。

もしも、自衛のために核を持つのが正しいのなら、どの国も核をもつ権利があることになる。そして、世界は、核保有国だらけになってしまう。

＊

この傾向（核拡散）に歯止めをかけなければいけない、というのが、核拡散防止条約の考え方だ。

核保有国が増えれば、偶発的核戦争の危険も増える。核兵器の攻撃に対しては、核兵器で反撃する。どの核保有国も、ふだんからそう公言しているので、反撃しないわけには行かない。それが連鎖して、たちまち全面核戦争になってしまう。そういう危険が至るところにある。それは核保有国が増え、どの国も核武装しているからだ。核保有国を増やさなければよい。核がそもそもなければ、核戦争の危険もない。シンプルな論理である。

＊

けれども、核拡散防止条約には、矛盾（というか、ねじれ）がある。

この条約は、もう核を持っている五カ国（核兵器国）の核保有はよいことにして、それ以外の国々が核保有するのは禁止する、という条約だ。先発の核兵器国の、核保有の特権を守る。核大国の既得権を承認し、新興国の核保有を違法だとする。核に対する態度が二重規準で、不公平な条約なのだ。

＊

とは言え、核拡散防止条約が国際社会で支持されているのは、核戦争を防止するという、大義名分があること。そして、核兵器国五カ国が国連の常任理事国五カ国と重なっていて、この国際社会の現状を維持するメカニズムと一致していることである。

核保有を禁じられた国々は、ではどうすればよいか。核兵器国に頼りなさい。五つの核兵器国のどれかと同盟を結んで、核の傘に入れてもらいなさい。国連憲章のいう「集団的安全保障」に頼ることを、勧めているのである。

＊

北朝鮮は、核拡散防止条約から脱退すると宣言し、核開発の道を選んだ。札つきのならず者国家だ。見せしめのためにも、許してはならない。北朝鮮が抜け駆けで利益を手にすれば、真似をする冒険主義の国家が続出するだろう。

◎日米安保ではダメなのか

日本の核武装に、話を戻そう。

日本の安全保障には、とりあえず、三つの選択がある。

a．日米同盟（アメリカの核の傘に入る）

b．日本の核武装

c．武装中立（核兵器はもたない）

日本の周辺に、北朝鮮や中国といった、行動が予測しにくい権威主義の国家があることを踏まえると、cの武装中立は、賢明でないように思われる。核兵器なしにいくら通常戦力を強化しても、国を守ることができない。そこで、これを除き、aとbの選択について考えよう。

＊

現状は、a（日米同盟）である。これはとりあえず、機能している。

そこで、考えるべきなのは、つぎのふたつだ。

（1）ａ（アメリカの核の傘）が機能しない場合があるかどうか。
（2）その場合に、ｂ（日本の核武装）が機能するかどうか。
ふたつともＹｅｓであった場合、日本の核武装が現実的な選択肢になる。

◎アメリカの凋落

アメリカが、日本に安全保障を提供する意欲をなくせば、核の傘は機能しなくなるのだろうか。

＊

アメリカは、凋落を続けている。

二一世紀の半ばか、それ以降になるか、アメリカは凋落を続けた結果、いずれ覇権国の座にとどまれなくなる。そのとき、何が起こるか。

世界は、何か代わりの安全保障の仕組みをうみだすだろうか。たとえば、国連が、世界の国々に安全を保障するだろうか。

国連憲章には、国連軍の規定がある。もともと国連は、世界の国々の安全を保障し、平和を実現するために創設された。だが、いまのかたちの国連は、機能しないと思う。（この点は、第10章で詳しくのべよう。）

＊

世界は、アメリカ、中国、インド、ヨーロッパを先頭集団とする、多極化の時代となるだろう。それに、ロシア以下も続く。

このうち、中国は、かつてアメリカがそうしたように、関連国に安全保障の核の傘を提供して、同盟関係の結束をはかるかもしれない。

アメリカとヨーロッパは、連携を崩すことなく、経済ブロックとしても安全保障ブロックとしても存続する可能性が高い。ヨーロッパにとって、世界秩序を支えようとするアメリカの意欲と経済的余力がなくなることは、好ましいことでない。アメリカの負担をなるべく軽減するような、防衛任務の肩代わりが進むだろう。

◎西側軍が、自由世界を守る

日本とアメリカの関係はどうか。

日米安保条約は、日本を防衛する任務とひきかえに、アメリカが日本に基地を置くと定めている。在日米軍基地は、アメリカの世界戦略のために、必要だった。

アメリカが凋落した数十年後、**もっとも合理的なのは、アメリカ、ヨーロッパ、日本などが合同して、統合参謀本部を設け、世界の西側陣営の軍事力を、一体で効率的に組織する**ことだろう。「**西側軍**」**である。**西側軍が樹立できれば、結局成立しなかった国連軍に代わり、世界の多くの国々に安全保障を提供できるだろう。

日本も西側軍に加盟すればよいかもしれない。

自衛隊が、国防軍に衣替えしていると、話が簡単だ。軍隊であるから、アメリカやNATO諸国と、対等の軍事同盟を結ぶことができる。

どうしても自衛隊のままでいたいなら、それも不可能ではない。自衛隊はアメリカ軍と、日米軍事同盟を結んだ。自衛隊も、西側諸国の軍隊と同盟関係を結び、西側軍の一翼を担うことになる。（けれども、日米ガイドラインのような、ややこしい協定や業務分担を決めなければならないので、結構大変ではある。）

＊

在日米軍基地はどうなるか。

西側軍基地になる。自衛隊（あるいは、国防軍）が、西側軍になるのだから、自衛隊基地と西側軍基地を区別する理由がない。

＊

原子力空母は必要か。

原子力空母は艦隊の主力として、ある戦域を制圧する目的をもっていた。対艦ミサイルの性能が向上して、時代後れになった。しかし、通常戦力の劣る国々の紛争地域に展開して、制空権によって作戦を支援するには、まだ一定の役割がある。戦術核も装備している。そこで、アメリカ軍（西側軍）の原子力空母が、ひき続き日本の基地を拠点にするのは、合理性がある。

そのほか、アメリカ軍（西側軍）の航空機が、日本の基地を拠点とするのは、合理性がある。自衛隊（国防軍）も、西側軍と一体で行動するからだ。

在日米軍基地は、このように、西側軍の基地として再編され、自衛隊（国防軍）と一体で運用されるようになる。

◎核抑止力を共同利用する

自由主義を掲げる西側諸国が軍事同盟を結ぶとして、核兵器はどうするか。

西側同盟の軍事力は、核抑止力を土台にしている。

西側諸国には、アメリカ、イギリス、フランスの核兵器国がある。そのほかの国々は、日本を含めて、（いまのところ）核を保有していない。

核兵器は、開発や維持管理に、高度な技術と機密を要する。寄せ集めの西側諸国が、共同管理するのは賢明でない。しかしその核抑止力は、同盟国の安全をひとしく保障する。NATOの場合がそうだった。西側同盟は、NATOをアジアと世界に拡張したものである。

＊

NATOの場合、参謀部は統合されていた。ただし、核兵器は、アメリカが主に管理し、イギリス、フランスもそれぞれ自国の分を管理していた。そのやり方で、集団安全保障として機能していた。たとえば、NATOのうち一国が侵略や武力攻撃を受ければ、それはNATO全体に対する攻撃という意味になり、NATOの各国は協力して反撃する。ウクライナはNATOに加盟していなかったが、NATO各国の態度は、限りなくそれに準ずる行動だったと言える。武器の供与や兵員の訓練、難民の受け入れなど。NATOには、ロシアに隣接する小さな加盟国が多かった。

＊

さて、西側同盟の場合。NATOとの違いは、第一に、EUを基盤とした、ヨーロッパという地域的なまとまりがなく、東アジアや世界のさまざまな地域にまたがっていることである。第二に、アメリカはもはやNATOの場合のような突出した中核的役割を果たすことはできない。代わりにせいぜい、西側諸国の筆頭国として主に核戦力を担当する役割にとどまるだろう。アメリカは、ひと回りかふた回り小さくなるのだ。

核ミサイルのボタンを押すかどうかは、アメリカの一存ではなく、西側諸国の共同意思による。ただ、戦時にゆっくり相談している暇はない。事前によく詰めておく必要がある。

たぶん、つぎのような取り決めになるだろう。

アメリカ本土が核攻撃された場合は、アメリカは西側諸国に協議しなくても、ただちに核兵器で反撃できる。西側諸国のどこかの国が核攻撃された場合は、西側同盟の統合参謀部の方針に従って、アメリカは核兵器で反撃する。核攻撃と言ってもいろいろのケースがあるので、こういう場合はこうと、事前に詳細な反撃のシナリオを練り上げておくべきだ。

通常兵器で攻撃された場合でも、核兵器で反撃する場合があってよい。核の先制使用である。通常兵器による侵攻を抑止する効果があるだろう。いっぽう、核兵器で攻撃された場合でも、核兵器で反撃しなくてもよい。通常兵器による反撃で十分ならば。

＊

日本に置かれる西側軍の基地に、核兵器を置く必要があれば、置くべきである。いざという場合に、運搬している時間がない。核兵器の配置は、西側軍の戦略的必要によって決めるべきで、日本国民にもそれをよく説明しよう。

◎西側諸国の相互防衛

西側同盟と日米同盟は、どう違うか。

いろいろ違いがあるが、日本にとっての違いは、相互防衛条約であること。つまり、日本は同盟国によって守ってもらうだけでなく、日本も同盟国を守ることだ。日本にも、防衛義務がある。日米安保は、守ってもらうだけで日本はアメリカを守らない、片務的な条約だった。西側同盟は、互いが互いを防衛する、双務的な条約だ。日本の軍事力を、世界の平和と安定のために役立てるのである。

西側諸国が相互防衛する西側同盟は、日本国憲法がのべている、《平和を愛する諸国民の公正と信義に信頼して、われらの安全と生存を保持しようと決意した》ことの、具体化であると言えるだろう。

加藤典洋は、《平和を愛する…》の一文は、国連軍が成立して世界平和を保障する未来を展望したものだ、とした。

＊

そうかもしれない。だが、日本国憲法がのべる平和論は、未熟なものだった。不完全なものだった。日本国は戦争を放棄し、軍をもたないとする。でも、全世界もそうしろ、とまでは言わない。アメリカも、軍と核兵器を持ったままである。《平和を愛する諸国民》は、軍をもっている。その《公正と信義》は、軍事力によって横暴な国家からほかの国々を守り、正義と平和を守ることである。論理的に、そうとしか考えられない。日本国はどうするか。その平和にただ乗りするつもりです、と言っている。敗戦国で、国力も大したことがない。だから当座は許される考え方かもしれない。しかし、世界に通じる思想としての強さも成熟度もまるでない。子どもの考え、と扱われても反論の余地がない。

＊

国連はできた。国連軍はできなかった。国連は、平和を守るために機能しない。

国連の問題点については、つぎの第10章でまとめてのべよう。

◎日本の核武装は必要か

西側同盟は、実現するかどうかわからない。実現するとしても、だいぶ先のことだろう。それまで日本は、日米同盟（日米安保条約）によって、安全を確保していくのが賢明で合理的だ。

では、日本がよその国から侵攻を受ける可能性があり、日米安保条約では安全を確保できず、どうしても核武装が必要になるケースがあるだろうか。

参考になるのは、中距離ミサイルをめぐって、一九八〇年代にヨーロッパで起こった論争だ。これを下敷きに、この問題を考えよう。

◎中距離ミサイル問題

ソ連は一九七五年、新型の中距離ミサイルSS―20を大量に配備し始めた。核弾頭を搭載でき、ヨーロッパのパワーバランスを大きく変化させるものだ。

ヨーロッパでは、西側（NATO）の国々と、東側（ワルシャワ条約機構）の国々が対峙している。通常戦力では、ソ連製の戦車が強力だ。ソ連は西側にさらに圧力をかけ、圧倒的な軍事力を背景に、西ヨーロッパをフィンランドのような、ソ連の勢力圏にしてしまおうと考えた。

＊

中距離ミサイルＳＳ－２０が配備された結果、東西の軍事衝突は、つぎのようなシナリオが予想される。

イ．東側が、西側に侵攻する。
ロ．西側が抵抗して、戦線が膠着する。
ハ．ソ連が、核弾頭をＳＳ－２０で、西側に撃ち込む。

ここで、西側がどう反撃するか、シナリオが分かれる。
ひとつのシナリオはこうだ。

ニ－１　アメリカは、本土から長距離ミサイルで反撃し、核弾頭をソ連に撃ち込む。
ホ－１　ソ連も長距離ミサイルで反撃し、全面核戦争になる。（世界の終わり）

これを避けようと思えば、つぎのようになる。

ニ－２　アメリカは、ヨーロッパが核攻撃されても、何もしない。

ホ－2　ソ連がヨーロッパを制圧し、社会主義圏にする。（自由の終わり）

どちらもひどいシナリオである。

ニ－2とは、要するに、アメリカがヨーロッパを見捨てるというシナリオだ。ニ－1→ホ－1（全滅）を避けるためには、やむをえない。だがこれは、アメリカが同盟国を防衛する任務を果たさない、ということである。中距離ミサイルは、このように、同盟国のあいだにクサビを打ち込むことができる戦略兵器だ。

＊

そこでアメリカが選択したのは、ソ連のSS－20に対抗し、ヨーロッパに中距離核戦力ミサイル（巡航ミサイルと、弾道ミサイルのパーシングⅡ）を配備することだった。

すると、シナリオは、つぎのようになる。

ニ－3　アメリカは、ヨーロッパ配備の中距離ミサイルで、核弾頭をソ連に撃ち込む。
ホ－3　ヨーロッパの戦争は、撃ち方やめ、になる。（全面核戦争にならない）

ヨーロッパとソ連は、ひどいことになるかもしれないが、アメリカ本土は救われる。アメリカは同盟国としての義務を果たしたことになる。

アメリカが中距離ミサイルを西ヨーロッパに配備することが発表されると、西ヨーロッパ各国に、配備に反対する「反核運動」のうねりが拡がった。配備が阻止されると、ソ連に都合がよい。反核運動は、ソ連が仕掛けたとみる見方もある。

ニ－3、ホ－3のシナリオが予見されるなら、ソ連はそもそも、武力侵攻（イ）を決断しないだろう。抑止力が機能したということだ。

◎中距離ミサイル全廃条約

ここまでの経緯を踏まえ、米ソの交渉が始まった。そして、「中距離ミサイル全廃条約」(The Treaty Between the United States of America and the Union of Soviet Socialist Republics on the Elimination of Their Intermediate-Range and Shorter-Range Missiles）が結ばれた。中距離核戦力(Intermediate-range Nuclear Forces：ＩＮＦ）に分類される、中距離の弾道ミサイル、巡航ミサイルをすべて廃棄することを取り決める条約だ。

一九八七年一二月に、レーガン大統領とゴルバチョフ書記長が、合意に達した。翌年、発効している。

この結果、米ソは、中距離ミサイルを廃棄し、配備も取りやめた。

＊

この条約は、米ソの条約である。条約に入っていなかった中国は、この間、中距離ミサイルを熱心に開発し、大量に配備した。それらは、台湾や沖縄や横須賀やグアム島をにらんでいる。その結果、東アジアの戦力バランスは、大きく中国に傾くことになった。北朝鮮も、このタイプのミサイルを多数開発している。ノドンやテポドンも、その改良型も、中距離ミサイルに入る。

アメリカ軍には、このタイプのミサイルはない。条約にもとづいて、中距離ミサイルを全廃したからだ。自衛隊にもない。これでいいのか。

しばらく前に話題になった「敵基地攻撃能力」は、日本も中距離ミサイルを持とう、という話である。

＊

この状態にしびれを切らし、トランプ大統領は、二〇一九年二月に、中距離ミサイル全廃条約を破棄することを、ロシア（ソ連の後継政府）に通告した。当然のことである。ただ、少なくとも一〇年前に通告すべきだったと思う。なお条約は、六カ月後に失効した。

◎東アジアは西ヨーロッパと同じか

北朝鮮や中国の核弾頭を搭載した中距離ミサイルの、射程に収まっている点で、日本はかつての西ヨーロッパと同じである。そして台湾も。

違う点もある。第一に、日本は海で、北朝鮮や中国から隔てられている。いきなり地上軍が押し寄せてくる心配はない。第二に、こちらも中距離ミサイルを配備する計画は、すぐにはない。アメリカは、中距離ミサイルを持っていない。日本も、憲法上の制約で、外国の軍事目標を射程に収める中距離ミサイルを持たないことになっていた。

＊

とは言え、八〇年代の西ヨーロッパと、似た状況なのかもしれない。

イ．北朝鮮は、日本に侵攻するわけではない。
ロ．日本が抵抗して、戦線が膠着するわけでもない。
ハ．北朝鮮が、中距離ミサイルで、核弾頭を日本に撃ち込む。
ニ－1　アメリカは、長距離ミサイルで反撃し、核弾頭を北朝鮮に撃ち込む。
ホ－1　北朝鮮も、長距離ミサイルで反撃し、核弾頭をアメリカに撃ち込む。

北朝鮮の核攻撃（ホ－1）によって、アメリカがどれだけひどいことになるのか、わからない。北朝鮮の長距離ミサイルはかなりの数があり、核弾頭も多い。そのうちたったひとつが、アメリカの大都市に着弾しただけで、少なくとも数百万人の犠牲が出る。考えたくもない惨状だ。

それを防ぐためには、アメリカが、長距離ミサイルで反撃する（ニ－1）のをやめるしかない。すると、こうなる。

ハ．北朝鮮が、中距離ミサイルで、核弾頭を日本に撃ち込む。
ニ－2　アメリカは、長距離ミサイルで反撃せず、核弾頭を撃ち込まない。
ホ－2　北朝鮮も、長距離ミサイルで反撃せず、核弾頭を撃ち込まない。

ニ－2は、アメリカが日本を見捨てる、という話である。日米安保条約があっても、北朝鮮が日本を核攻撃すれば、日本は見捨てられるのだ。

◎日本が核武装すれば

ハ→ニ－2→ホ－2、のようにシナリオが進行するのか、わからない。でも、そうなる蓋然性がある。日本の人びとがそうなるかもと思うなら、日米安保条約の前提が揺らぐことになる。

＊

ならば、日本に核兵器があれば。そして、中距離ミサイルがあれば。いよいよのとき、アメリカが反撃しなくても、日本が自分で反撃すればいいではないか。日本の多くの人びとがそう考えるなら、日本は核武装することになる。

すると、シナリオはこうなる。

ハ．北朝鮮が、中距離ミサイルで、核弾頭を日本に撃ち込む。
ニ－3　日本は、中距離ミサイルで反撃し、核弾頭を北朝鮮に撃ち込む。
ホ－3　北朝鮮も、長距離ミサイルで再反撃し、核弾頭を日本に撃ち込む。

この結果、日本も北朝鮮も、核攻撃でメチャメチャになる。相撃ちである。代わりに、アメリカは破壊をまぬがれる。

相撃ちになるから、北朝鮮はためらって、日本を核攻撃（ハ）しないだろうか。核攻撃しないのなら、核武装は抑止力になる。しかも、どう転んでも、アメリカは安全である。反撃を日本に任せるのだから。それなら、アメリカは日本の核武装を支持してくれるのではないか。

だが、そうとは限らない。北朝鮮が破壊されるのと、日本が破壊されるのとでは、被害の度合いが違う。しかも、北朝鮮の統治者は、日本の政治家と違って、国民が苦しむのを意に介さないかもしれない。だとすると、日本が核武装しても、抑止力にならず、目的を達せられないことになる。

＊

そればかりではない。日本の核武装は、日米同盟をギクシャクさせる可能性がある。核武装の動機について、アメリカが不審に思うかもしれないのだ。

日本によくある核武装論は、アメリカ・コンプレックスの裏返しの、傷ついた自尊心を取り戻したいというたぐいのものが多い。幼稚だが、危険だ。リアリズムにもとづいていないからである。思えば、その昔の帝国陸海軍も、傷ついた自尊心を埋め合わせるために、妄想を膨らませ暴走した。そういう危険な動機は、第三者からまる見えである。日米同盟にとっても、日本の平和と安全にとっても、有害この上ない。

*

◎対中抑止力になるか

では、日本が核武装すれば、中国の軍事的優位に対抗できるのだろうか。

日本が核兵器をもっても、中国はびくともしない。

中国は、日本を射程に収める数千発の中距離ミサイルを備えている。核弾頭も多く持っている。核ミサイルの撃ち合いになれば、撃ち負けてしまう。日本に核兵器があっても、中国には撃てない。中国の核抑止力が、日本に効いてしまうのだ。

日本が核兵器を持たず、通常戦力しか持たないとする。中国は、日本を攻撃する場合に核弾頭を使用することをためらうだろう。アメリカが中国に対して核兵器を使用する口実を与えるからである。

要するに、日本が核兵器をもつと、かえって日本の安全が守れなくなる。核兵器をもつことで、むしろ日本の脆弱性が高まってしまう。

◎核保有は無意味

日本が核を持たなくても、東アジアに展開するアメリカ軍は、戦術核も戦略核も持っている。日本が核を持とうと持つまいと、日米同盟の軍事力は変化がない。中国に対して圧力が増すわけでも、中国に対して優位になるわけでもない。

結論として、こう言える。**日本が核兵器を持つことは、日本の安全保障にプラスになるわけでもなく、日米同盟の戦力を強化するわけでもない。日本の核保有は無意味である。**日本の核保有は、有害無益なのだ。

◎日本が核をもって大丈夫か

もうひとつ、日本が核兵器をもつのが賢明でないと思う理由は、日本人が核を正しく扱えるのか、信用ならないことだ。

＊

核兵器を維持・管理するのは、自衛隊なり国防軍なりの、軍事のプロである。

だが彼らは、ことに核兵器に関しては、文民統制のもとに置かれる。文民統制とは、文民（シビリアン、つまり、軍事のプロでない人間）が軍事指揮権を握り、意思決定を行なうことだ。内閣総理大臣や、閣議のメンバーや、官邸官僚や、事務方や、…。彼らは、有名大学の法学部を卒業して公務員試験を受けて省庁の階段を上がってきたか、選挙区で当選を繰り返して党内派閥のリーダーになったか、であろう。日本のリーダーが、どんな訓練を受け、どんな知性をもち、どんな道徳観や倫理観をもち、どんな世界についてのビジョンを持っているか、だいたい想像がつく。彼らの考え方や行動様式も、その弱点や限界も、およそ察しがつく。そういう種類の人間を、読者もおおぜい見てきたろう。そんな誰かの手に、核のボタンを手にしてもらいたくない。私個人の率直な気持ちだ。

＊

外国で核のボタンを持っている人びとは、日本のリーダーよりましなのか。ましだとは言えないかもしれない。仮に似たようなものだとしても、核のボタンを手にする愚か者の人数は、少なければ少ないほうがよい。

第10章
ポスト国連の世界

本書の目的は、どうすれば国際社会の平和を実現できるか、だった。

平和とは、戦争のないことである。

だから、戦争をしなければよい。だが、これがむずかしい。どうしても戦争をしたい国がある。国家はみな軍隊をもっていて、戦争をする能力があるからである。

＊

そこで本書は、ハードルを下げることにする。どうすれば、核戦争をしないですませることができるか。

少なくない国が核兵器をもっている。いざとなれば、使えるということだ。核兵器を撃ちあう、全面核戦争がどれだけ悲惨か、言うまでもない。核戦争を避けるのは、至上命令である。

これを極端に言えば、こういうことになる。**通常戦力による戦争はやむをえないが、せめて核戦争はやめましょう。**悪魔のせりふに聞こえるかもしれない。でも、この世界は不完全なのである。最悪の事態を避けて、少しでもましな結果を求めることも、大事ではないだろうか。

＊

「わたしたちは戦争をやめます。そういう国が増えれば、世界は平和になるはずです。」そう願っていれば、世界が平和になるほど、話は単純ではない。

現実的になろう。

では、どう考えればよいのか。この章では、国連の限界とその先を、筋道を立てて考えていく。

10・1 国連はなぜ機能不全なのか

◎常任理事国の拒否権

国連（国際連合）は、国際連盟の失敗を教訓につくられた。

＊

国際連盟（League of Nations）は、第一次世界大戦のあと、アメリカのウィルソン大統領が提唱して、世界平和を目的に設立された。総会と理事会があり、当初の常任理事国はイギリス、フランス、イタリア、日本。第一次世界大戦の戦勝国である。言い出しっぺのアメリカは議会が反対して、加わらなかった。

国際連盟は、イタリアのエチオピア侵略も、スペイン内戦も、支那事変も、第二次世界大戦も防げなかった。総会も理事会も、全員一致で決めるのが基本だった。全員一致は、誰もが拒否権をもっているのと同じである。各国の意見が異なる問題に、有効な意思決定ができるはずがない。

＊

これに対して、国際連合（United Nations）。これは、日本では「国際連合」と訳すことになっているが、すでにのべたように、中国語では「聯合國」。すなわち第二次世界大戦で枢軸側と戦った「連合国」のことだ。その本質は、軍事同盟だということである。

だから国連には、国連軍の規定がある。参謀部も置く。敵国条項もある。それを仕切るのが、安全保障理事会の常任理事国である。アメリカ、イギリス、フランス、ソ連、中国の五カ国（第二次世界大戦の戦勝国）だ。

このうち、ソ連は解体して、ロシアに交替した。中国の代表権は、中華民国から、中華人民共和国に代わった。

＊

国連も、総会と安全保障理事会の二本立てになっている。

総会は、全員一致ではない。多数決が原則だ。重要な議題では、半数よりもっと多くの賛成で決める。けれども、大事な問題は、総会では決められない。

安全保障理事会は、常任理事国の五カ国が、拒否権を持っている。五カ国が全員一致でないと、何も決められないということだ。国連という組織を成り立たせるために、やむをえない仕組みではある。けれども、五カ国のあいだで利害が対立する問題では、手も足も出ないことになる。

＊

朝鮮戦争の時には、ソ連がたまたま安全保障理事会をボイコットしていて、国連は軍事行動ができた。

湾岸戦争のときには、ソ連が解体したあとで、安保理は機能を回復したかにみえた。そのあと、安保理は、冷戦時代以来の機能不全の状態に戻ってしまった。

北朝鮮は、核拡散防止条約から脱退すると宣言し、核開発を進めている。安保理の議決によって、国連はいちおうの経済制裁を課している。けれども、それ以上踏み込んだ制裁案になると、中国やロシアが反対する。効果的な手は打てないでいる。

クリミア侵攻でも、ウクライナ戦争でも、常任理事国のロシアが当事者だ。制裁を決議できるはずがない。

台湾有事は、やはり常任理事国の中国が当事者だ。国連は身動きがとれない。

＊

◎強盗が警察署長

国連の安保理は、言ってみれば、強盗が警察署長を務めているようなものである。事件を解決できるはずがない。

これは、国連の設計思想に問題がある。国連は、第二次世界大戦を共に戦った、連合国が母体となって創設された。連合国は、共通の敵があった。同盟しなければ負けてしまう。呉越同舟でまとまった。戦争が終わった。共通の敵がいなくなると、各国の利害と言い分はばらけてしまう。相談がまとまらなくなる。

国連を仕切っているのは、主要な軍事大国である。いまは、アメリカ、イギリス、フランス、ロシア、中国だ。ロシアがウクライナに侵攻した。国際法違反だ。お目付役の常任理事国（ロシア）が、拒否権を持っている。どんな制裁案も通るわけがない。

しかもこれら五カ国は、みな核保有国だ。核兵器を取り上げるわけにも行かないし、軍事力で言うことを聞かせるわけにも行かない。核兵器で反撃しますよ、と凄まれれば、それ以上の圧力はかけられない。つまり、常任理事国は、やりたい放題である。

＊

主要な大国を束にすれば、実行力のある国際組織ができる。現実的な判断だ。

だが、主要な大国のあいだに矛盾と紛争が生じた場合に、解決の方法がない組織ができあがった。最初から、国連の機能不全は運命づけられていた。

◎なぜ主要国は対立するのか

安保理の常任理事国が対立するのには、世界史的な背景がある。

＊

二〇世紀に安保理が機能しなかったのは、冷戦のせい、東西対立のせいである。ソ連は世界革命をめざす共産党に率いられており、自由世界を率いるアメリカと真っ向から対立していた。世界観や信念がまるで違うのだから、協調できるはずがない。

というわけで、イデオロギーの対立が、国連を機能不全に陥れていると思われた。ならば、イデオロギーの対立が過去のものとなれば、国連の機能不全は解消するのではないか。でも、そうではなかった。

＊

世界の主要国の対立には、世界史的な背景がある。

対立の主な原因は、世界の不均等発展である。

アメリカの覇権を考えてみよう。アメリカは、ヨーロッパから距離をとっている。豊かな資源に恵まれ、相対的に人口が少なく、資本や科学技術や政治制度や社会制度や法律や宗教や哲学や労働力や…、ヨーロッパ文明のいいとこ取りができた。資本主義と民主主義がこの場所で、もっとも豊かに花開いたのは、無理もない。その結果、アメリカは世界を仕切るだけの経済力と軍事力を手に入れ、自由主義世界のリーダーとなった。二〇世紀は、アメリカの世紀だった。アメリカは、ファシズム、ナチズム、軍国日本の挑戦を斥《しりぞ》け、冷戦を戦い抜いてソ連を解体に追い込んだ。アメリカ抜きに、世界の安全保障は語れない。

＊

そのアメリカが凋落する。その原因は、経済のグローバル化。資本と技術と情報が、すみやかに国境を越えて移動する。先進国はどこでも、製造業が空洞化していく。賃金が高すぎた。中国やインドや東南アジアや…に、同じ製品をずっと安価に製造できる製造拠点をつくれるのだ。

こうして、経済大国の地位が、中国やインドといった、旧大陸のかつての大国に移りつつある。歴史ある文明の中心地。よく教育された一〇億人以上の人口と、社会のまとまり（インテグリティ）がある。新大陸・アメリカの優位は失われ、旧大陸の文明国が大国の地位を手に入れて行く。

ロシアも、かつての大国だ。イデオロギーでなく、文明としての誇りをかけて、西側諸国やアメリカと対峙している。中国やインドも、文明としての誇りをかけて、これまでの世界秩序に異を唱えるだろう。これらの国々は、国民国家（ネイション）の流儀に従って国づくりをしている。しかし、ネイションの範囲と流儀を、実ははみ出している。超ネイションである。

凋落する新大陸のアメリカと、旧大陸の復活したいくつもの大国とのあいだの、対立。これが、二一世紀のグローバル世界の根底を規定する力学だ。

◎中国は核兵器を使うか

大国と大国が衝突すると、国連は機能しない。大国と大国がどう戦うかは、大国のやりたい放題である。

中国は、台湾を統一したい。なんとしても統一したいと思っている。

では、台湾有事の際に、中国は核兵器を使うだろうか。

＊

核兵器を使うしか、台湾を統一する方法がないのなら、使うかもしれない。しかし、核兵器を使わなくても目的が達せられるなら、中国は、核兵器を使いたくないだろう。通常戦力で、台湾やアメリカや日本の抵抗を圧倒する。これがのぞましい。

中国は、時間をかけて通常戦力を強化し、台湾侵攻の能力を整えつつある。勝利できるだろう、と思ってもいる。士気も高い。この点が、ロシアの無謀なウクライナ侵攻と異なる。

◎ロシアは核兵器を使うか

ウクライナに侵攻したロシア軍は、核を使うかもしれないとほのめかしている。実際に使う可能性もあるかもしれない。戦術核は、「大きい爆弾」だという認識なのだ。

＊

ロシア軍は当初、数日か一週間でウクライナ全土を手中に収め、作戦を完了できると踏んでいたと思われる。ウクライナ軍は、崩壊する。ゼレンスキー政権は、すげ替えてしまえばよい。

だが、その通りにならなかった。報道のとおりである。一発逆転で、核兵器を使うか、生物兵器、化学兵器のような大量破壊兵器を使う可能性があったか。

結局使わなかったとしたら、その理由は、戦術的に意味がなかったからだと思う。

戦術核兵器は、敵の主力部隊など戦術目標が狭い範囲に集中していて、それに打撃を与えると戦況が劇的に改善する場合に、用いるべきものだ。戦争の初期、ロシア軍は進軍する部隊の周囲から、ゲリラ的に対戦車砲などで狙われた。敵は周辺にまばらに展開していて、そもそも戦術目標がない。戦争の中期は、戦線が膠着し、双方が砲撃やミサイル攻撃を繰り返した。戦術核兵器の出番は、やはりなかった。この先、ロシアの退却と敗北を防ぐ、ロシアにとって理想的な、戦術核兵器を使うドンピシャのタイミングが訪れるとは思わない。

＊

今回はなんとかなったとしても、今後、どの国も、核兵器を使わないだろうとは楽観できない。

◎中国の基本戦略

中国は、核兵器に頼らないで、アメリカ軍に完勝する作戦を練っているはずである。

＊

中国が台湾に侵攻する場合、戦術核を使うだろうか。戦術核を使わなければならないほどの、目標はない。そもそも、台湾は中国の一部で、同胞の国で、敵国ではない。核兵器を使ったらおかしい。政治的に説明がつかないことになってしまう。それに、中国は通常戦力で台湾を圧倒していると思っている。ふつうに戦闘を続ければ、勝利がえられるはずだ。

航空機の戦闘も、通常戦力（通常弾頭のミサイル）で十分なはずである。

しいて言えば、台湾海域に接近するアメリカの原子力空母は、重要な戦術目標になる。核弾頭ミサイルで攻撃すれば、巨大空母と言えども、ひとたまりもないだろう。

けれどもその必要はないだろう。黒海で、ロシアの巡洋艦モスクワが、ミサイル２発で撃沈された。精密誘導のミサイルが目標に命中すれば、大型艦艇であっても戦闘不能になる。空母は、往年の戦艦と違って装甲が厚くない。通常弾頭のミサイルで、それなりの打撃を与えられるはずだ。

＊

通常戦力で相手を圧倒し、台湾侵攻を成功させることができるなら、わざわざ戦術核兵器を使うメリットは何もない。国際的な非難をあびるうえ、中国本土も同等の核兵器で反撃されても文句が言えないからだ。

◎安保理のせいで戦争が起こる

国際社会でいま、軍事作戦を実行に移しやすいのは、つぎのような国家だ。

（1）核兵器をもっている。だから、反撃されにくい。

（2）通常戦力がそれなりに充実していて、軍事作戦が実行できる。

（3）国連安保理の常任理事国なので、拒否権があり、国連を足止めにできる。

ロシアも中国も、この条件にあてはまる。

そして、実はアメリカも、この条件にあてはまる。だからときどき、軍事作戦に手をそめる。イギリスも、この条件にあてはまる。だから、フォークランド紛争で軍事作戦に踏み切った。

＊

安保理の常任理事国のポストは、自由に勝手に「特別軍事作戦」を起こすための、指定席のようになっている。「安全保障」の看板とはうらはらの、皮肉な現実だ。国連があるおかげで、かえって国際武力紛争が起こりやすくなっていないか。

◎ロシアを引きずり降ろせるか

ウクライナ戦争をきっかけに、以下のような議論が巻き起こっても不思議はない。

「ロシアは、ウクライナを侵略した。世界平和の敵である。こんなロシアを、許しておけない。本来なら、クウェートを侵略したイラクのフセインのように、懲罰の戦争をしかけて当然である。でもロシアは、核保有国なので、うっかり戦争をしかけるわけには行かない。せめてロシアを、安保理の常任理事国の座から引きずり降ろせないか。プーチンのロシアが常任理事国に居すわっているのでは、国連は国連の名に値しなくなる。」

もっともな議論である。

ロシアに、安保理の常任理事国を辞めさせることはできるのか。

*

国連憲章によると、それは無理である。

第5条に、加盟国の権利を停止する規定がある。それは、安保理が制裁の対象とした国に対して、安保理が勧告し総会が議決した場合に、権利を停止できる、とある。ロシアが、自分の権利を停止する勧告案に賛成するわけがない。

第6条に、加盟国の除名の規定がある。同じく、安保理が勧告し総会が議決する。ロシアが、自分を除名する勧告案に賛成するわけがない。

第23条に、安全保障理事会の常任理事国は、中華民国（のち、中華人民共和国）、フランス、ソ連（のち、ロシア）、連合王国、アメリカ、の五カ国とある。交替させたり辞めさせたりする規定がない。

第27条に、安全保障理事会の議決には、常任理事国すべての同意を含む、九カ国の賛成が必要、とある。常任理事国には拒否権がある、ということである。ロシアは、自分に不利などんな提案にも賛成しない。

第108条に、国連憲章の改正は、総会の三分の二の議決で採択され、常任理事国すべてを含む三分の二の加盟国で批准された場合に、効力をもつと定めている。ロシアは、自分が常任理事国でなくなる改正案を、批准するはずがない。

よって、ロシアにどんな問題があっても、ロシア以外の加盟国のすべてがロシアを追い出したいと思っても、国連憲章の規定のもとでは、いかなる方法によっても、ロシアを常任理事国の座から引きずり降ろす方法がない。

◎中国も反対する

ロシアを引きずり降ろす提案に、ロシアが反対するのはもちろんだが、中国も反対するだろう。ロシアが引きずり降ろせるなら、中国も引きずり降ろせるからだ。

第108条によれば、改正の提案は、安全保障理事会を通さず、いきなり総会で三分の二の多数で採択する順番である。常任理事国をロシアを除く四カ国にする、みたいな提案を圧倒的多数で可決して、ロシアの面目を丸つぶれにすることができれば、それなりの政治的効果がある。けれども、中国はこれに反対するだろうし、ロシアや中国の支持に回る国々も、第三世界を中心に多そうだから、三分の二の多数で採択できるかどうか、疑わしい。逆に、改正を提案した西側諸国の面目が丸つぶれになるかもしれない。

◎もうひとつの国連

安保理の常任理事国の座に居すわるロシアを引きずり降ろすことが、いまの国連憲章のもとでは無理で、その改正もできないとなれば、もうひとつ別な国連をつくってしまえばよいかもしれない。

＊

国際連合は一九四五年六月に調印、一〇月に発足した。国際連盟は、一九四六年に解散した。国際連盟のいくつかの組織は、国際連合に引き継がれた。少しの間だが、重複期間もある。これを見習うと、つぎのような手順を踏むのである。

アメリカをはじめ西側の主要諸国が相談して、新・国際連合の設立を合意する。総会、安全保障理事会、などの構成は、いまの国連とだいたい同じでよい。けれども、安保理の常任理事国は、アメリカ、イギリス、フランス、中国の四カ国（なんなら、インドを加えた五カ国）にする、と決めておく。ロシアを排除するのである。

数十カ国集まったところで、新・国連の設立総会を開く。そして、新旧国連の引き継ぎを交渉する。旧国連の組織の大部分は、職員や建物を含めて、新国連が引き継ぐ。新国連の参加国は、分担金を国連ではなく新国連に納めるので、旧国連は財源難に陥る。新国連に合流するほかない。そこで、旧国連加盟国のほぼすべては、新国連に加盟する。その段階で、旧国連は解散を決める。ロシアが新国連に加入するかどうかは、ロシアが判断すればよい。

＊

こううまく行くか、まったくわからない。

まず第一に、新国連には、中国がやはり反対しそうだ。中国が参加しない新国連は、国連にならない。

ロシアを支持したり、ロシアに同情的だったりする国や、中国を支持する国も、新国連に参加しないかもしれない。すると世界は、旧国連／新国連に分かれてしまう。いま国連がかろうじて保っていた、国際社会の調整機能が、損なわれてしまう。いまよりひどくなる、ということだ。

＊

新国連は失敗する可能性が高い。それなら初めから、やらないほうがよい。

ということは、ロシアの横暴な軍事行動を、そして、中国の（たぶん起こるだろう）強引な軍事行動を、国際社会は指をくわえて見ていなければならないということか。

10・2 ポスト国連の時代

◎西側同盟の意義

いまの国連は機能不全である。でも、機能不全のままで、当面存続していくほかない。国連には、武力紛争を防ぐ力も、核戦争を防ぐ力もない。

国連に頼れないなら、どうやって、国際社会の平和と安全を守れるか。せめて核戦争の惨禍を、防ぐことができるだろうか。

残されたたったひとつの可能性は、西側同盟（西側諸国による軍事同盟）だろう。

*

安全保障理事会は、どういうものか。

それは、国連軍を指揮して平和を実現する、政治的意思決定の場（のはず）だった。安保理のもとには、軍事参謀委員会が置かれる。常任理事国の参謀長がメンバーとなる。参謀部は、軍の作戦を立案し、作戦命令を命令権者（政治家）に提案する、軍の中枢である。各国の参謀部の長が集まって、分担を決め、国連軍としての作戦を立案する。それが軍事参謀委員会だ。

結局、正式な国連軍は一度も成立しなかった。軍事参謀委員会も置かれなかった。安保理が、平和維持のために機能しなかったということだ。

自国の都合で軍事行動を起こそうというロシアが、常任理事国に居すわっている限り、安保理は機能しない。戦争を防げない。そして中国も、ロシアのように行動する可能性が大いにある。

＊

そこで、**安保理とは別に、安保理と同様の役割を果たす軍事力が必要である。それが、西側同盟の西側軍だ。**

西側同盟の西側軍は、国際社会の任意団体（ボランティア）だから、国連の安全保障理事会と関係なく動くことができる。安保理の常任理事国の困った行動を、牽制したり制裁したりすることができる。常任理事国は、それを止めることができない。

西側同盟が暴走しては、もちろん困る。けれども、西側同盟は、十分に多くの数の国が集まっているので、誰か独裁的な指導者がこう命令しました、というたぐいの非常識な行動をとる可能性が少ない。国際社会の良識を代表し、理性的にふるまうと期待できる。

いや、西側同盟が、国際社会の良識を代表し、理性的にふるまうのでなければ、ほかにどんな希望があるだろう。ここは、人類が踏みとどまる最後の一線なのだ。

◎西側同盟をどう構築するか

西側同盟の土台になるのは、ＮＡＴＯ（北大西洋条約機構）だろう。

ＮＡＴＯは成功した軍事同盟である。もともと軍事抗争を繰り返していた西欧の列強が、第二次世界大戦を境に、軍事同盟を組んだ。東に、ソ連という強力な脅威が現れた。二度の大戦で、西欧の国力が落ちた。アメリカが接着剤となった。こうした要因により、この同盟は各国に利益をもたらしたのである。

ＮＡＴＯと並行して、ＥＵ（ヨーロッパ共同体）がある。キリスト教文明と、大航海時代以来の大西洋をまたいだ交流の歴史がある。これらの国々のあいだには、価値観や行動様式の共通性がある。

＊

ＮＡＴＯがソ連を、いまはロシアを念頭に置いたものなのに対し、**西側同盟は、現状を軍事力で変更しようとする国々を、念頭に置く**ことになる。とりあえず、ロシアに加え、北朝鮮と中国である。

中国は、大きな存在だ。アメリカ一国では対抗できない。中国を牽制しようと思えば、西側同盟のように多くの国が集まる必要がある。

そこで、ＮＡＴＯの加盟国の大部分が結集するのに加えて、オーストラリア、ニュージーランド、フィリピン、日本、がまず加わる。台湾は、準加盟の扱い。韓国も、加わることが望ましい。

◎同心円の構造にする

アジアの国々やイスラム圏、アフリカ、ラテンアメリカの国々をどう位置づけるか。

なるべく西側同盟に、好意的であってほしい。

しかし、同盟の一員として、一〇〇パーセントの義務を果たすのはむずかしいかもしれない。

そこで、同盟を、多くの国々を巻き込むように、その関わりに応じて、中核／その周辺／さらに周辺／…のように、同心円の多重構造に配置するとよいのではないか。

＊

たとえば、インド。

インドは、中国と対立している。パキスタンとも緊張関係にある。中国もパキスタンも核保有国である。中国から、あるいはパキスタンから、攻撃を受ける可能性がある。その場合に、後ろ楯となってくれる同盟関係があることを望んでいるだろう。

インド自身が核保有国であって、しかも大国である。そこまで切迫した危機を感じてはいなくて、非同盟の自主独立路線を歩むつもりかもしれない。ロシアと、アメリカと、ヨーロッパ諸国と、東南アジアや第三世界の国々と、…という具合に、ゆるやかな連携を多角的に結んできた。特定のグループと強すぎる関係をもつことを避けてきた。

インドが、西側同盟の中核メンバーとなることは、西側諸国にとって有利である。けれども、パキスタンにとっては、大きな脅威となる。パキスタンが大きすぎる脅威を感じることは、インドにとってもよいことではない。インドが西側同盟に深入りすれば、中国やロシアとの関係も緊張が深まってしまう。

そこで、中核メンバーではなく、周辺的なメンバーになってもらう。一定の安全保障を確実に提供し、代わりに、限定的な義務を担ってもらう。具体的には、たとえば、
・インドが核攻撃を受けたら、西側同盟はインドの求めに応じ、同程度の反撃をする、
・インドが通常兵器による攻撃を受けたら、必要な支援を行なう、
がメリットであり、
・インドは、西側同盟国以外の国々に、許可なく、兵器や軍事技術を提供しない、
・インドは、西側同盟国以外の国々に、許可なく、基地や寄港の便宜を提供しない、
・インドは、西側同盟国が攻撃を受けたら、できる範囲の支援を行なう、
・インドは、西側同盟国の求めに応じて、基地や寄港の便宜をなるべく提供する、
がその代わりの義務である。

これならインドにとって、負担が少なく、メリットがあるかもしれない。

＊

日本やアメリカは最近、「開かれたインド太平洋」をスローガンにしている。インドを対中国包囲網に巻き込みたい、とサインを送っているのだ。

インドは大国である。GDPはイギリスを追い抜いて、世界第五位になった。まもなく日本を追い抜くだろう。インドが対中包囲網に加わってほしい、はアメリカと日本の都合である。

しかし、この成否は、二一世紀を決定づける。

西側同盟が、どれだけインドに居心地がよく、インドの国益にかなっているか。その制度を設計するには、インドの文明の本質を知らなければならない。アメリカや日本には荷が重い。インドのものの見方で、世界をみることのできる知識人がアメリカや日本にどれだけいるかで、アメリカや日本の運命が決まる。

◎第三世界にとってのメリット

インドは離陸を果たした。未来が開けている。

それにひきかえ、イスラム圏の国々、ラテンアメリカの国々、第三世界の国々は、まだ未来を構想することができない。こうした国々では、高等教育を受けたひと握りのエリートと一般の人びととの格差が絶望的に開いている。

国連総会では、ウクライナに侵攻したロシアを非難する決議に、反対が五票、棄権が三五票。アメリカをはじめとする西側世界に対する留保が、ある程度広まっていることがうかがわれる。日本も、そうした国々に対する共感の感受性が乏しくなっている。

＊

中国やロシアは、国際社会での政治的影響力を拡大しようと、第三世界に対するアプローチを強めている。中国の「一帯一路」はその一例だ。借款を供与したり、援助したりする。ロシアは、武器を供与したり、戦闘員を送りこんだりする。こうしたアプローチはわかりやすい。国連総会での投票は、そうしたアプローチをめぐるかけひきの場なのである。

＊

もしも西側同盟の国々が、第三世界の国々を味方に巻き込みたいなら、きちんとメリットを提供しなければならない。そして、過大な負担を求めてはならない。たとえば、

・近隣諸国などから攻撃を受けたら、西側同盟が反撃し、国境と主権を守る、

というメリットに対して、

・西側同盟国以外の国々に、許可なく、基地や寄港の機会を提供しない、

・西側同盟国以外の国々から、許可なく、兵器や軍事技術を輸入しない、

の義務を果たす。西側同盟が安全保障を約束するなら、第三世界の国々は防衛費の負担が軽減され、その分を社会開発に回せて助かるだろう。

西側同盟の先進諸国は、第三世界の経済・社会発展に対して、共同で責任をもち、長期的

な関与を続ける。西側同盟とよい関係をつくれば未来が開けると、人びとが感じられることが大切だ。

◎西側同盟が唯一の道

西側同盟の利点は、いまの国連をそのままにして、安全保障の部分だけを別組織で担うことができる点である。

*

憲法9条について踏み込んだ考察をした加藤典洋は、かつて憲法が掲げた理念を世界に訴えるため、成立しなかった国連軍の中核となる武力組織（警察機能を果たす）を、日本が率先して提供しようと提案した。よく考えられた議論ではあると思う。しかし、非現実的で、無理な提案だと思う。

国連は、欠陥のある組織である。特に、安全保障理事会が、常任理事国の自分勝手のせいで、機能しない。常任理事国の制度を現状のままにしておいて、日本が国連に軍事組織を提供しても、問題の解決にならない。その部隊を指揮するのは、国連憲章によれば安全保障理事会で、安全保障理事会は機能しないからだ。

*

国連とは別組織で、NATOを全世界に拡大したような西側同盟をつくれば、自分勝手な軍事行動をとるロシアや、そういう行動をとりそうな中国の、恣意的な戦争を抑止できるだろう。よく考えてみても、これ以外に戦争を防ぐ（戦争をなるべく小さくすませる）方法はなさそうだ。

成立しなかった国連軍に、警察機能をもつ武装組織を日本がまず提供しよう、という加藤典洋のアイデアは、よい点をついている。でも、中途半端だ。どこかの国が暴走した場合、戦争で止めるしかない。日本がその「平和維持活動」に加わりたいなら、自衛隊を国防軍に衣替えして、（つまり、憲法を改正して）西側同盟の中核に加わるのが、ストレートな道である。

＊

台湾有事をにらんで、イギリスやドイツの軍艦や飛行機が、わざわざ最近、東アジアまでやって来た。アメリカ軍と相談のうえだろう。ＮＡＴＯも関与するぞ、という中国へのメッセージである。台湾有事にＮＡＴＯが関与するなら、これは、西側同盟が事実上成立するということではないか。

◎ふらつくアメリカ

西側同盟の中軸は、アメリカである。アメリカにしっかりしてもらわないと困る。

けれども、歴史的に、アメリカはふらふらを繰り返してきた。いまでも、世界の平和と安全は自分の責任だ、とあんまり思っていない。

地政学的に、アメリカは安全なのだ。それに、移民の国なので、ヨーロッパの紛争に巻き込まれたくない。モンロー主義（世界から孤立しているほうがよい）が頭にこびりついている。ウィルソン大統領は、せっかく国際連盟を提案したのに、議会の反対でアメリカは国際連盟に入れなかった。第二次世界大戦のあと、ちょっとは責任感が出てきた。でも不勉強でトンチンカンで、イスラムのことも中国のこともロシアのこともインドのことも、わかっていない。日本のことも。

民主党のオバマ大統領は、戦略的忍耐（要するに、何もしない）と言って、貴重な八年間を空費した。共和党のトランプ大統領は、アメリカ唯一主義を掲げ、国際連携をズタズタにした。ただし、中国と厳しく対立しないとダメだと考えたのは、よかった。

アメリカには実は、長期戦略も哲学もない。ヨーロッパの国には、まだそれがある。寄ってたかって、アメリカを指導しないといけない。

◎ネイションを支える

軍事同盟の本質は何かと言えば、**「他国のために戦う」ことである。**

他国のために戦うことは、自国のために戦うことの延長にある。自国のために戦えない人びとは、他国のために戦えない。

日本人は、日米安保条約に守られ、アメリカが「他国のために戦う」ことを期待しておきながら、自分では、他国のために戦うことはおろか、「自国のために戦う」つもりもない。思想としても、道徳としても、まるでなっていない。

＊

ロシアがウクライナに侵攻したとき、女性や子どもや老人は、国外をめざして脱出した。戦える男性は、銃をとって、国を守る任務についた。ウクライナ政府が、男性は国外に出るな、と命じたこともある。それでも、家族を守るため、社会を、国を守るため、進んで軍務についた人びとが多かった。ウクライナ軍は、士気が高く、いまも善戦している。戦前のどんな予想をも上回って、健闘している。ネイション（国、つまり国民）を守るとは、こういうことだ。

アメリカ合衆国も、こうして市民が国を守ることで始まった。フランス共和国も、市民が国を守ることで始まった。およそネイションは、それを守り、支える人びとの努力がなければ、維持できない。

＊

戦争は、武力による現状の変更である。これをやめさせようと思えば、武力によって抵抗するしかない。平和と安全を守るとは、こういうことなのだ。

ウクライナの人びとが、銃をとらず、抵抗をやめれば、戦争は終わる。平和がなにより大事な日本人は、ウクライナの人びとに、戦うな、抵抗をやめろ、と言うのだろうか。そういう徹底的な非暴力の思想も、ありうるかもしれない。だがそれを言う場合には、自分が殺されてもよい、自分の大事な価値や資産が、すべて奪われ破壊されてしまうかもしれない、と覚悟しなければならない。そういう非暴力の思想は、ニヒリズムと背中合わせである。まともな人間が生きて行ける考え方とは思えない。

◎ネイションはフィクションか

しばらく前、ネイション（国民国家）は「想像の共同体」だという言い方が流行《はや》った。ネイションは、フィクションだ。ごく最近に形成された。あると思えばある、ないと思えばない。十分に証拠のある筋の通った議論だ。だが、それだけだ。

一万円札は、ただの紙切れだ、という本を書いたひとがいたとしよう。確かに。言っていることは正しい。でもその本を書いて、彼（女）は印税を、一万円札で受け取るのではないか。言っていることと、やっていることが、一貫していない。

＊

誰かが何かを信じているところへやって来て、それは根拠がないと言う。相対主義の、ポストモダンだ。言っていることは、なかなか正しい。

ではネイションは、近代は、根拠がないのか。誰もが税金を払い、教育や福祉や公共サーヴィスを受けている。税金は、国防費にも使われる。国防の任務につく人びとは、自分の家族と故郷とネイションを守るため、命をかけて戦う。フィクションではなくて、実際の行動だ。自分もそれに守られているなら、敬意を払わなくていいだろうか。一万円札をただの紙切れと言ってすませられないように、そうした**犠牲と献身に支えられているネイションの価値を、相対主義でやりすごしてよいだろうか。**

相対主義のポストモダンは、誰も考えないことを思いつきました、と言ってよろこぶスノビズムである。自分の知識の使い方を知らないのだ。自分がどうやって生きているか、わからないのだ。それでもポストモダンが流行るのは、経済的に、政治的に、使い道があるからである。

プーチンのブレーンの哲学者は、ポストモダンの思想家だという。ポストモダンは、近代の正統的な思想や価値観の無効を宣言し、ちゃぶ台返しをするのにちょうどよい。ひっくり返ったところで、プーチンがフェイクの妄想を並べ立てる。**正統的な思想や価値観も、フェイクの妄想も、横並びにしてしまえるのが相対主義だ。**

◎日本のネイションは病んでいる

さて、日本の人びとは、近代のネイションなのに、なぜ「自国のために戦う」用意がないのか。

第一に、戦うことを禁じられた。憲法9条に、軍隊を置かない、戦争もしない、と書いてある。政府の解釈で、自衛権があるとされ、自衛隊もできた。でも国民は、なんとなく納得していない。

9条は、戦争をしたことの「罰」であり、「反省」のしるしである。簡単に取り外すことができない。孫悟空の頭の輪っかのようである。

第二に、戦死者を顕彰することを禁じられた。戦死者は、英霊となり靖国神社に祀《まつ》られることになっていた。靖国神社が戦後、国と切り離され、民間の宗教団体となった。ネイションと戦死者のつながりが断たれた。

アメリカに、靖国神社にあたるものはない。戦没者はおのおの墓地に埋葬されている。それとは別に、あちこちに記念碑がある。どの町や村にも、図書館や公園に、氏名と所属部隊と没年、戦地を刻んだパネルがあって、小さな星条旗が飾ってある。最近の戦死者のものもあるし、第一次世界大戦や南北戦争の記念碑もある。小さな十字路には◯◯スクウェアと名前がついて、町に貢献したひとを顕彰している。無宗教で、戦死者を祈念する仕組みがいろいろある。

日本の町や村も、同じことをすればよい。靖国神社はなくてすむ。英霊がどうのという神道の理屈は忘れてよい。英霊が尊いのではない。**ネイションのために献身した人びとの行ないが尊い**のだ。

靖国神社に閣僚が参拝したと大騒ぎする人びとは、本人が気づかないだけで、やはり靖国神社にとらわれているのだ。いまの社会を、市民として、ネイションの一員として生きる姿勢がしっかりしていれば、そして、ネイションに貢献した人びとに対する敬意をストレートに表す用意があれば、靖国神社の呪縛にとらわれる必要はない。

＊

靖国神社は、戊辰戦争以来の「国事殉難者」を英霊として祀っている。戦前は、陸軍省・海軍省・内務省の三省が、共同で所管した。誰が英霊として祀られるかのリストを作成したのも、三省である。戦後、その業務は、最終的に厚生労働省社会・援護局に移管された。

＊

ネイションは、ネイションを支える人びとの共同行為によって、存在する。ネイションの恩恵を受けながら、ネイションを支える人びとへの敬意を表すすべを見失った日本のネイションは、病んでいる。

◎他国を防衛すること

ではなぜ、他国のために戦うことができるのか。

それはまず、自国のために戦うことができるからだ。

自国のために戦うとは、自分の生きる社会、自分の信じる価値のために戦うことだ。ロシアに侵攻されたウクライナのように、自分の生きる社会が否定されようとした。不当なことだ。立ち上がるのは自然なことだ。**戦うために戦うのではない。自由のため、自分らしく生きるために戦うのだ。**

＊

さて、そうやって、平和を愛し、自由を重んじ、民主的な社会を営むふたつの国があったとする。互いに相談し、同盟を結んだ。どちらかが侵略されたら、共同で防衛しよう。国連憲章が認める集団的自衛権である。ネイションを一歩世界に拡げ、同じ価値観を共有する仲間となるのだ。

片方の国が攻撃された。もう一方の国も、反撃して、共に戦う。そう約束するのが、軍事同盟だ。**同盟を結ぶとは、仲間となること。互いを守るため、命を危険にさらしてもよいと覚悟することだ。**

◎台湾有事の意味

台湾は、平和を愛し、自由を重んじ、民主的な社会を営む国である。価値観が西側世界と共通している。

そこに、中国が侵攻してくる。武力で、現状を変更しようとする。現状を変更するとは、台湾の政府を否定し、台湾の法律や制度を否定し、台湾のすべてを中国の意思に従わせること。中国の思うとおりに生きて行け、ということだ。

中国には、中国の言い分がいろいろあるだろう。いまは、それは措《お》くとする。台湾は、国を守るために抵抗する。けれども、中国は強すぎる。ウクライナがロシアに抵抗したようには、抵抗し切れないだろう。

台湾を見捨てていいのか。

＊

台湾は、アメリカと同盟していない。日本と同盟していない。アメリカは、台湾を防衛する義務はない。

けれども、アメリカは、台湾を見捨てないとのべている。たびたび艦艇を台湾海峡に派遣して、警告を発している。台湾にも、たびたび武器を供与している。中国が台湾に侵攻すれば、アメリカは応戦するはずだ。

日本は、法制を整えた。台湾有事は、「周辺事態」だ。日本の安全が脅かされたことになるので、自衛隊は防衛に出動する。日米ガイドラインにもとづき、アメリカ軍と共同行動をとるだろう。台湾軍、アメリカ軍、自衛隊の共同行動だ。

共通の目的のため、互いが互いを守り、命がけで任務を果たす。「自国のために戦う」であり、同時に、「他国のために戦う」である。

確実にこういう共同の作戦行動になる。これは、軍事同盟ではないのだろうか。

＊

軍事同盟である、実質的に。

何のために戦うのか。台湾は、自衛のため。日本は、周辺事態に対応する自衛のため。その実は、台湾を防衛するため。アメリカは、台湾を防衛するため。

軍事同盟である、実質的に。

日本に、軍事同盟の一員として行動する用意と覚悟があるだろうか。

その覚悟があるなら、日本が憲法や法令を整え、国内の議論を尽くし、万全の態勢をとるのは当然のことだ。

◎ポスト国連の世界

日本がこうした準備を整えようが、もたもたしようが、そんなことにはお構いなく、世界は、ポスト冷戦の時代に向かって進んでいく。

湾岸戦争のときには、安保理決議が足がかりになった。それを根拠に、多国籍軍が編制された。国連が軍事的制裁を執行している、という体裁がとれた。

ポスト冷戦の時代は、安保理の常任理事国（しかも、核保有国）に対する軍事制裁が課題になる。「国連が軍事的制裁を執行する」という体裁をとることができない。安保理決議にもとづく有志連合、ではなく、国連とは別の軍事同盟（西側同盟）による軍事的制裁が必要になる。

＊

国際社会は、正当化できない軍事行動をとる核保有国・対・西側同盟、そして、どちらとも態度をはっきりさせない国々、に三極化する。

核戦争に至らずに、通常戦力によって、西側同盟が勝利すること。これが、世界の平和と安全を救う唯一の道である。

＊

それには、西側同盟の力が大きければ大きいほど、望ましい。

ウクライナ戦争では、西側同盟は、戦争当事者ではない。（戦争当事者となると、ロシアとの核戦争になる危険があった。）西側諸国は、ウクライナを支援するという役割にみずからを限定した。ロシアは敗北して、世界はこの戦争を乗り切ることができると、期待できそうである。

台湾有事では、中国の通常戦力は、アメリカに匹敵するか、それ以上である。戦域が、アメリカやヨーロッパから遠く離れ、中国の目の前である。地理的にみて、中国はきわめて有利である。台湾は島なので、地上軍がいきなり侵攻するわけには行かない。この点はウクライナより、台湾が有利である。以上を総合すると、台湾有事で、台湾とアメリカが勝利し、中国が敗退すると、期待するのはあまりに楽観的である。

＊

では、西側同盟の国々が、それまでにできることは何か。

第一に、通常戦力を強化する。特に、中国が備えているのに、西側同盟に備わっていない兵器。たとえば、中距離ミサイル、量子通信衛星。西側の国々がすでに配備している兵器も、質量ともに劣らないようにする。

第二に、経済のデカップリング。特に、半導体のような戦略性の高い工業製品の製造拠点を、中国に置かないようにする。

第三に、中国語での情報発信。中国は、プロパガンダと心理戦に長けている。そのやり口をよく研究し、哲学や歴史学や文学や…を総動員して、中国の人びとの思考にはたらきかける。

第四に、西側同盟の国々の関係を強化し、軍事演習をし、制度を整え、有事に即応できるようにする。

ほかにも、できることはすべてするとよい。

＊

西側同盟が態勢を整えれば、中国に対する圧力になる。台湾侵攻の時期を遅らせ、もしかすると諦めさせることができる。台湾有事は、米中両国が真正面からぶつかる戦争だ。それが避けられるなら、世界にとっては朗報だ。

◎核拡散防止条約の裏付けに

ＮＡＴＯ加盟諸国を中心とする西側諸国は、いま、人類社会のもっとも有力なグループである。これが軍事同盟のかたちでひとつにまとまれば、戦争を抑止する大きな力になる。そして、核戦争を防ぐ力もあるだろうと期待できる。

＊

核拡散防止条約は、まだ核をもっていない国々に、核開発と保有を禁止した。核が拡散して、核保有国の数が増えると、核戦争の可能性が高まる。それは確かだろう。でも、核保有しないことに、メリットはあるのか。誰が安全保障をしてくれるのか。この条約は、何ものべていない。

と言うことは、核開発と保有の誘惑があるということだ、すべての国に。

国連軍があって、核を持たない国を守ってくれるのなら、話はわかる。でも、国連軍は存在しない。誰も助けてくれない、ということだ。

＊

それに対して、西側同盟は言う。西側同盟を中心とする連合（西側連合）に入りなさい。通常兵器で攻撃されたら、通常兵器で反撃してあげます。核兵器で攻撃されたら、核兵器で反撃してあげます。西側連合の一員として、正しく行動してくれれば、それ以上の貢献は必要ありません。

これなら、核拡散防止条約が機能するのではないか。本来、安保理の常任理事国が世界に提供すべきだった安全保障のネットを、アメリカ・イギリス・フランスをはじめとする西側諸国が提供しよう、というのだ。

◎ポスト国連世界のふたつのシナリオ

西側同盟は、しかし、うまく機能するかわからない。弱点をいろいろ抱えている。アメリカがふらふらしている。日本が軍隊をもっておらず、腰がひけている。経済が上り坂である中国とインドにひきかえ、経済に余力のある国が少ない。西側同盟の出費は持ち出しで、主要国のメリットが少ない。もしもアメリカが「アメリカ一国主義」でまとまれば、西側同盟は崩壊だ。

＊

台湾有事をめぐってせっかくできかかっている西側同盟が、空中分解してしまうなら、国際社会は、中心のない多極状態となって漂流する。中国、インド、アメリカ、ヨーロッパ、イスラム、ロシア。このうち、科学技術力がすぐれていて世界を牽引できるのは、中国、インド、アメリカ、ヨーロッパの四極だ。

覇権国が消滅し、世界は星雲状態になる。安全保障は不安定になる。核保有国が増えていき、気がつけば、何ダースもの国々が核保有をしているかもしれない。そうなれば、核戦争を防ぐのはきわめて困難になる。

＊

ポスト国連世界のシナリオは、だから二つだ。

ひとつは、西側同盟がうまく結成されて、通常戦争も核戦争も、うまくコントロールされる。アメリカは凋落するが、よぼよぼのアメリカを、西側諸国が束になって支える。世界は西側同盟を核にして、二一世紀を乗り切る。

もうひとつは、西側同盟が結成されず、混迷の多極世界に移行する。通常戦争や、ことによると核戦争が起こる。二〇世紀まで世界を率いてきた西側世界は、なすすべを知らない。世界は混乱のなか、二一世紀をさまよっていく。

＊

このどちらになるか、まもなくはっきりする。残された時間は少ない。

核兵器をうみ出した人類は、核兵器とともに歩むしかない。核の脅威を人類の智慧がうわまわるか、試練のときが迫っている。

その行方を見極め、熟慮し、行動するのは、読者のあなただ。

あとがき

東アジアはユーラシア大陸の東の端。ヨーロッパの反対側だ。

東アジアはこれから何かありそうだ。

一九八八年夏、中国に一カ月滞在し、改革開放の異様な熱気に触れた。翌年六月に天安門事件が起こった。中国の闇を強く感じた。

一九九六年に北朝鮮を旅行した。金日成が急死した二年後のこと。大日本帝国が生き残っているかのような錯覚を覚えた。

台湾や香港も幾度も訪れた。知りあいが大勢いる。危うい基盤にのっている社会の厳しさを思った。

東アジアはこれからまだ何かありそうだ。日本だけが夢のなかに、まどろんでいていいのか。目を覚まそう。最悪の事態を防ぐために、できることを今しよう。そんな切迫した思いから、この本を書かねばと思った。

筑摩書房の旧知の編集者・石島裕之氏に相談すると、それはやりましょう、と二つ返事で応援してくれた。資料も揃え、超特急で段取りを整えてくれた。原稿を書いたのは二〇二二年九月。タイトルも『核戦争、どうする日本?』と決まった。筑摩書房のみなさんのサポートに感謝したい。

ゲラとなった原稿に目を通して、周到なコメントをいくつもいただいたのは、井上達夫氏（法哲学）である。かたじけないことである。おかげで、誤りを正し、原稿を改善することができた。心から感謝したい。それでも残っている原稿の問題点が、すべて筆者の責任なのは言うまでもない。

＊

本書が多くを負うのは、加藤典洋氏である。

加藤氏は『敗戦後論』（一九九七年、講談社）で、戦後日本の清算されない無意識について論じ、『戦後入門』（二〇一五年、ちくま新書）では、憲法9条に照準した。『9条入門』（二〇一九年、創元社）『9条の戦後史』（二〇二一年、ちくま新書）は、その構想をさらに先に進めている。もともと一冊になる予定の原稿で、二〇一八年のまる一年をかけて書き上げられた大作だ。当時、加藤氏と研究会を一緒にしていたので、その仕事に伴走しているような気がしていた。私のようにあてずっぽうで書くのと違い、加藤氏は精魂をこめ、それこそ命を削るようにして、調べ尽くして書き上げる。翌年亡くなったのがほんとうに悔やまれる。

本書は加藤氏と、結論はちょっと違うが、見ているものはおんなじだ。加藤氏の仕事がなければ本書を書くことはできなかったろう。

本書を、加藤典洋氏に捧げたい。

二〇二二年一一月三日

橋爪大三郎

参考文献

橋爪大三郎　二〇〇〇　『こんなに困った北朝鮮』メタローグ
橋爪大三郎　二〇一六　『戦争の社会学――はじめての軍事・戦争入門』光文社新書
橋爪大三郎　二〇二〇　『皇国日本とアメリカ大権――日本人の精神を何が縛っているのか?』筑摩書房
橋爪大三郎　二〇二〇　『中国vsアメリカ――宿命の対決と日本の選択』河出新書
橋爪大三郎・加藤典洋・竹田青嗣　二〇〇〇　『天皇の戦争責任』径書房
橋爪大三郎・大澤真幸・宮台真司　二〇一三　『おどろきの中国』講談社現代新書
橋爪大三郎・折木良一　二〇一八　『日本人のための軍事学』角川新書
橋爪大三郎・大澤真幸　二〇二二　『おどろきのウクライナ』集英社新書
加藤典洋　二〇一五　『戦後入門』ちくま新書
加藤典洋　二〇一九　『9条入門』創元社
加藤典洋　二〇二一　『9条の戦後史』ちくま新書
竹田青嗣・小林よしのり・橋爪大三郎　一九九七　『ゴーマニズム思想講座　正義・戦争・国家論――自分と社会をつなぐ回路』径書房

橋爪大三郎　はしづめ・だいさぶろう

1948年生まれ。社会学者。大学院大学至善館教授。東京工業大学名誉教授。東京大学大学院社会学研究科博士課程単位取得退学。主な著書に『皇国日本とアメリカ大権』(筑摩選書)、『丸山眞男の憂鬱』『小林秀雄の悲哀』(ともに講談社選書メチエ)、『戦争の社会学』(光文社新書)、『中国vsアメリカ』(河出新書)、『世界がわかる宗教社会学入門』(ちくま文庫)、『言語ゲームの練習問題』(講談社現代新書)など多数。中田考氏との共著に『中国共産党帝国とウイグル』(集英社新書)、折木良一氏との共著に『日本人のための軍事学』(角川新書)、大澤真幸氏との共著に『おどろきのウクライナ』(集英社新書)、『ふしぎなキリスト教』『げんきな日本論』(ともに講談社現代新書)、大澤真幸氏、宮台真司氏との共著に『おどろきの中国』(講談社現代新書)などがある。

核戦争《かくせんそう》、どうする日本《にほん》？──「ポスト国連《こくれん》の時代《じだい》」が始《はじ》まった

2023年　1月30日　初版第1刷発行

著　者　橋爪大三郎
装　丁　岩瀬 聡
発行者　喜入冬子
発行所　株式会社筑摩書房
〒111-8755　東京都台東区蔵前2-5-3
電話番号03-5687-2601（代表）

印刷・製本　凸版印刷株式会社

ISBN978-4-480- 86481-9 C0031

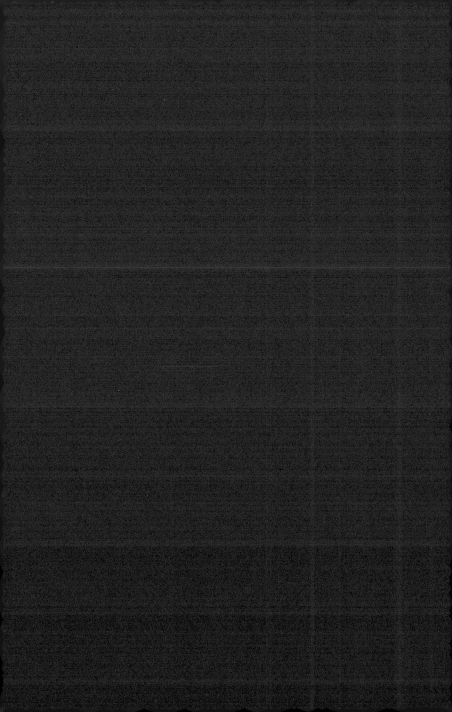